COMO DIBUJAR
PERSONAS
Y CARAS

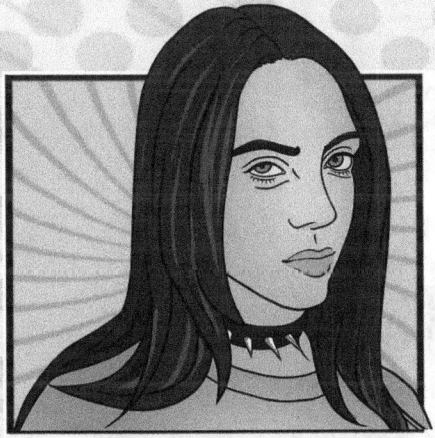
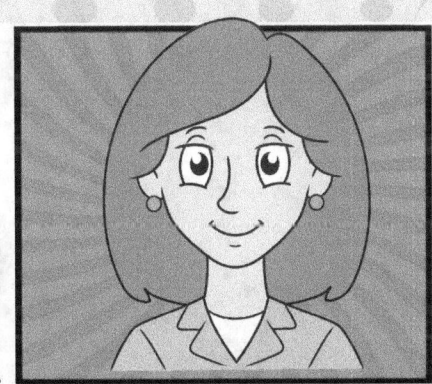
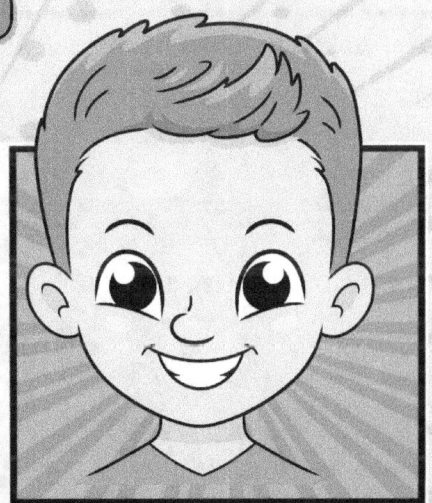
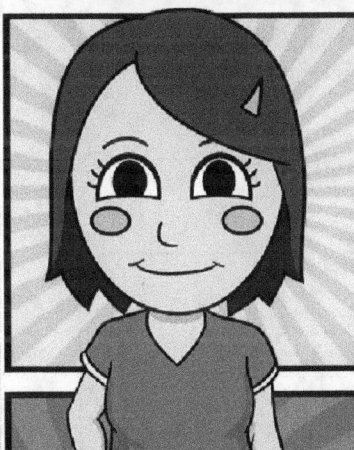
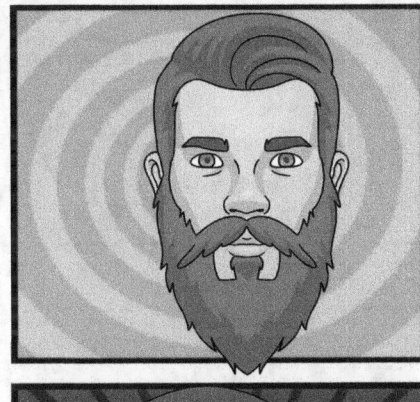
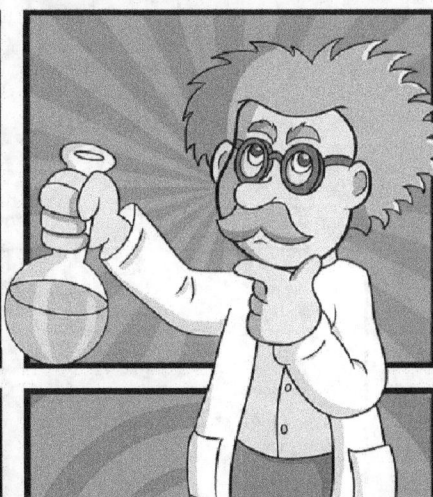
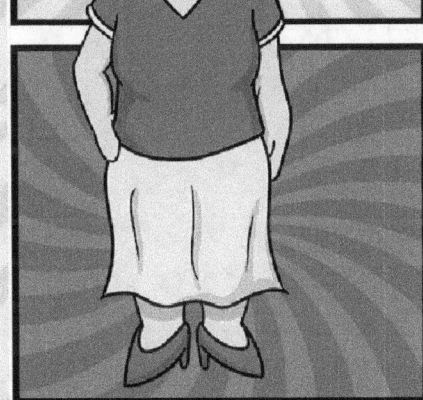
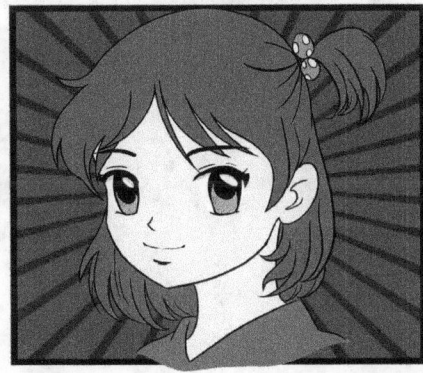

NAKHSA KATSUHITO

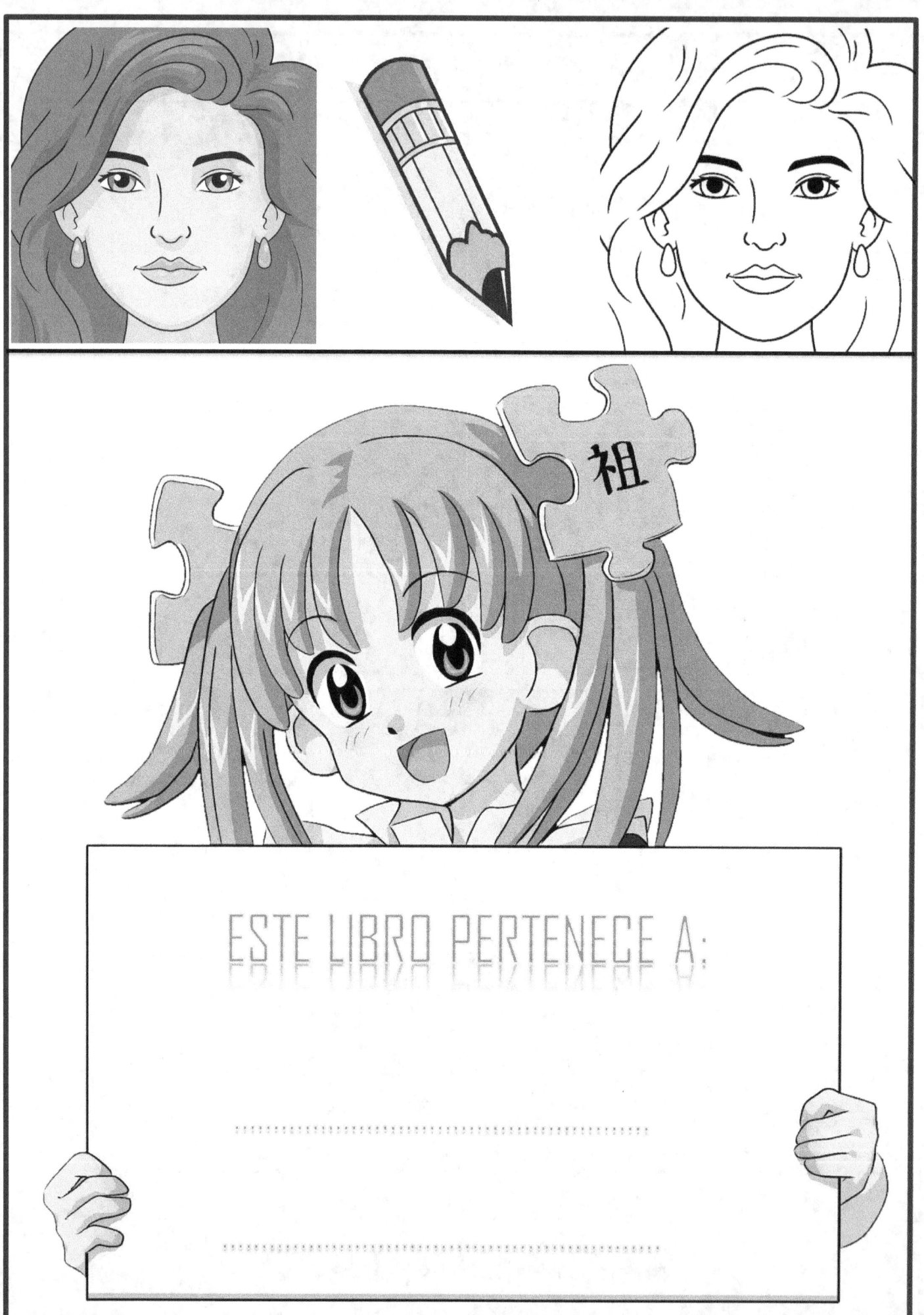

ESTE LIBRO PERTENECE A:

....

....

PERSONAS Y CARAS

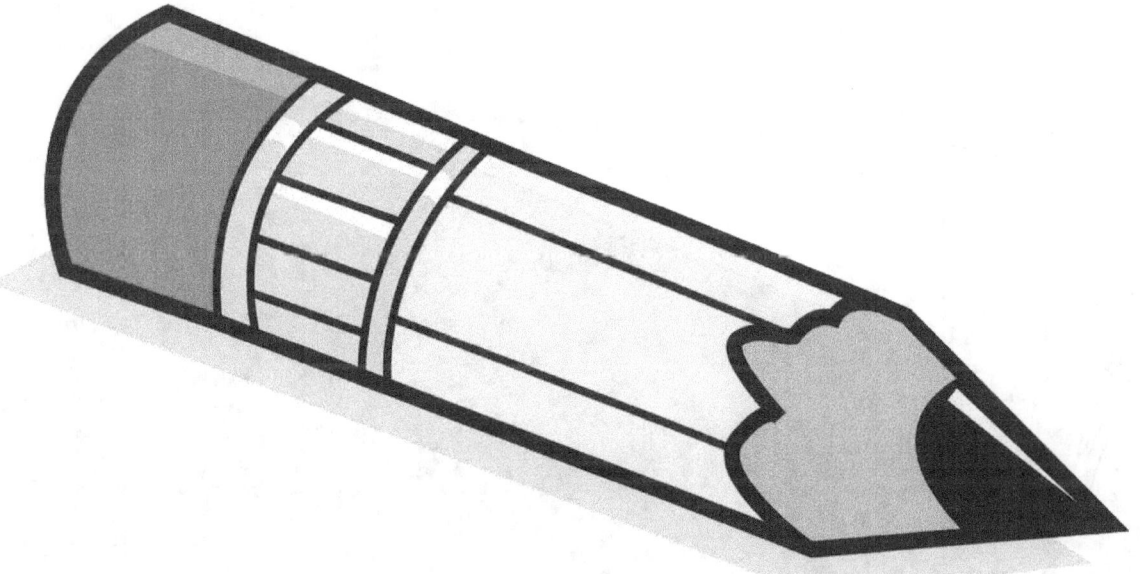

NAKHSA KATSUHITO

TODO LO QUE NECESITAS: PAPEL DE DIBUJO, LÁPICES, GOMAS DE BORRAR, SACAPUNTAS, BOLÍGRAFOS, CRAYONES... Y MUCHA CREATIVIDAD

1

2

3

4

5

6

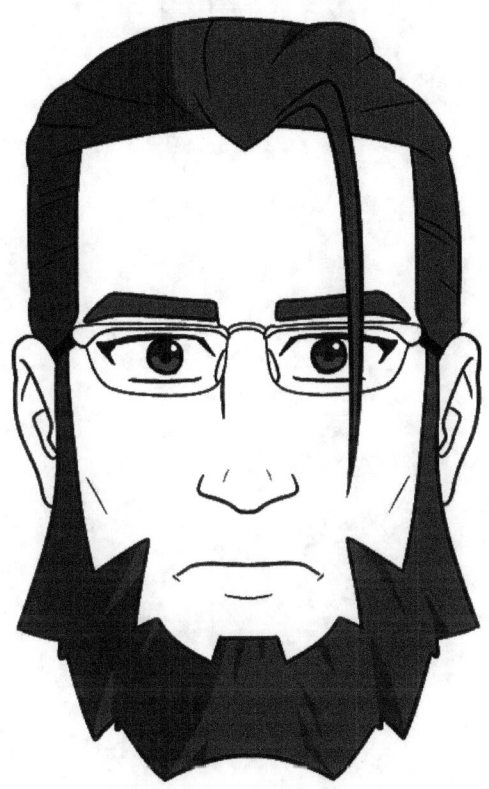

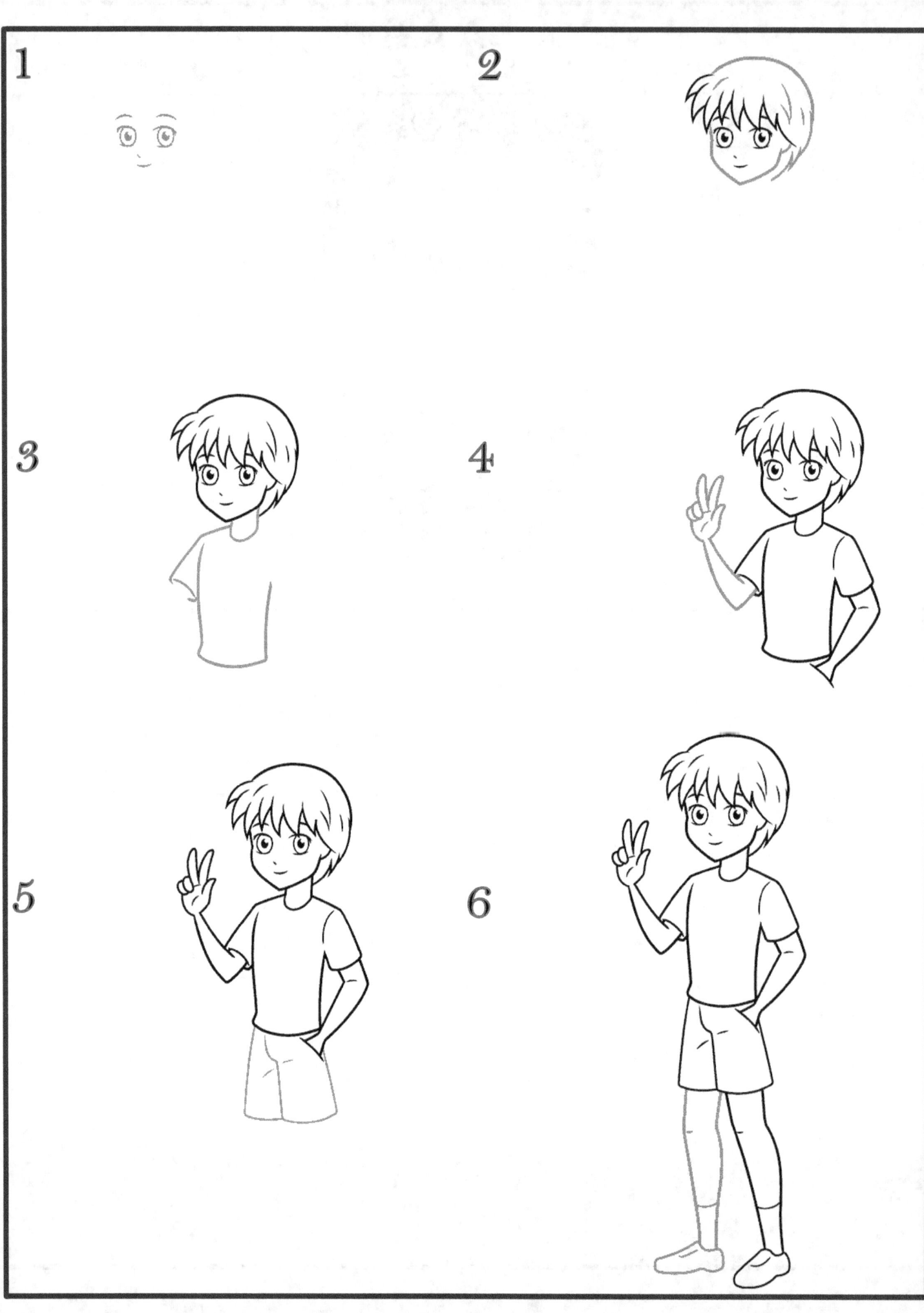

SORTEA AHORA

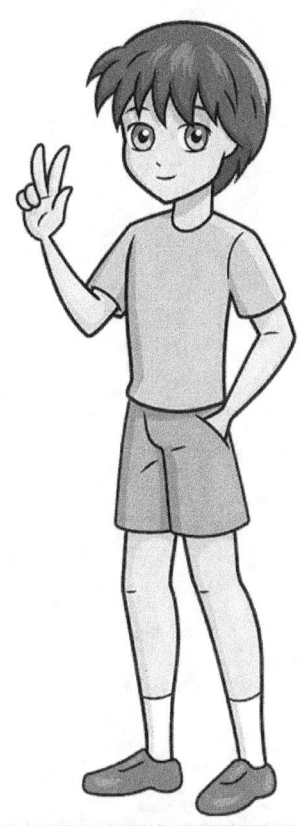

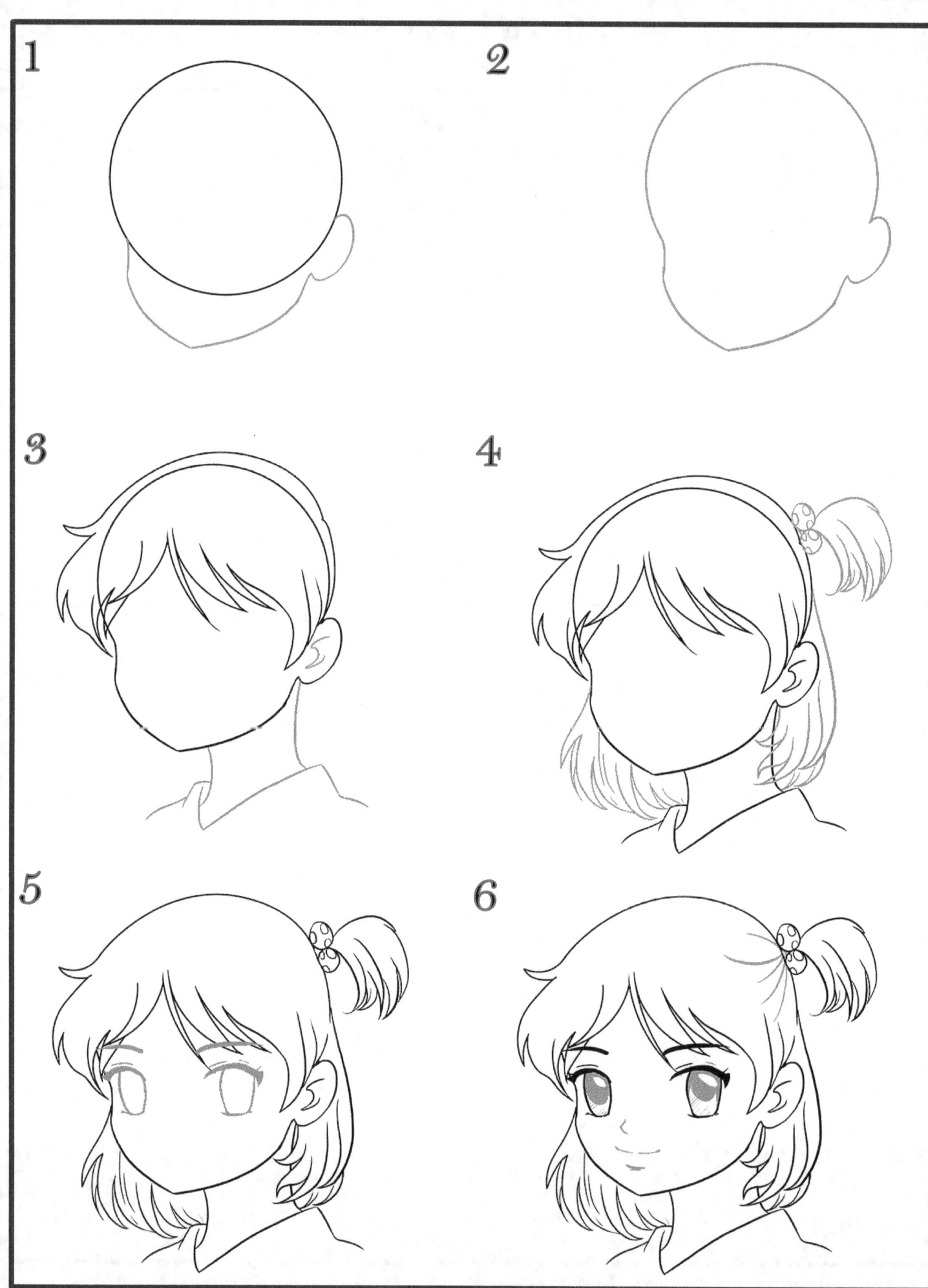

SORTEA AHORA

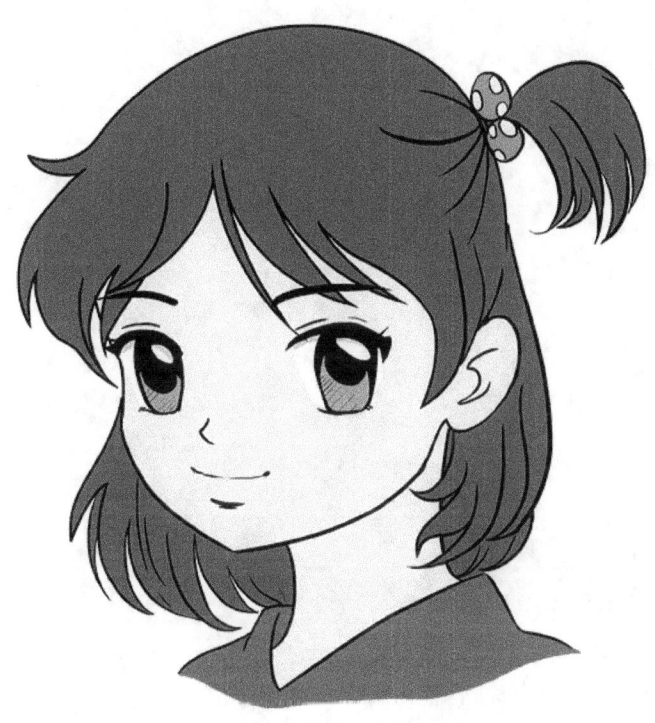

SORTEA AHORA

1

2

3

4

5

6

SORTEA AHORA

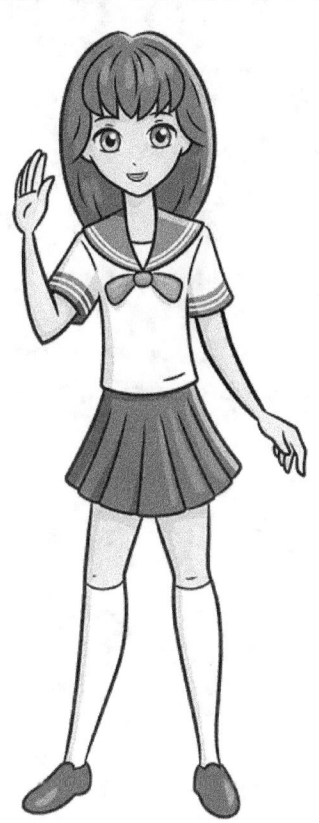

SORTEA AHORA

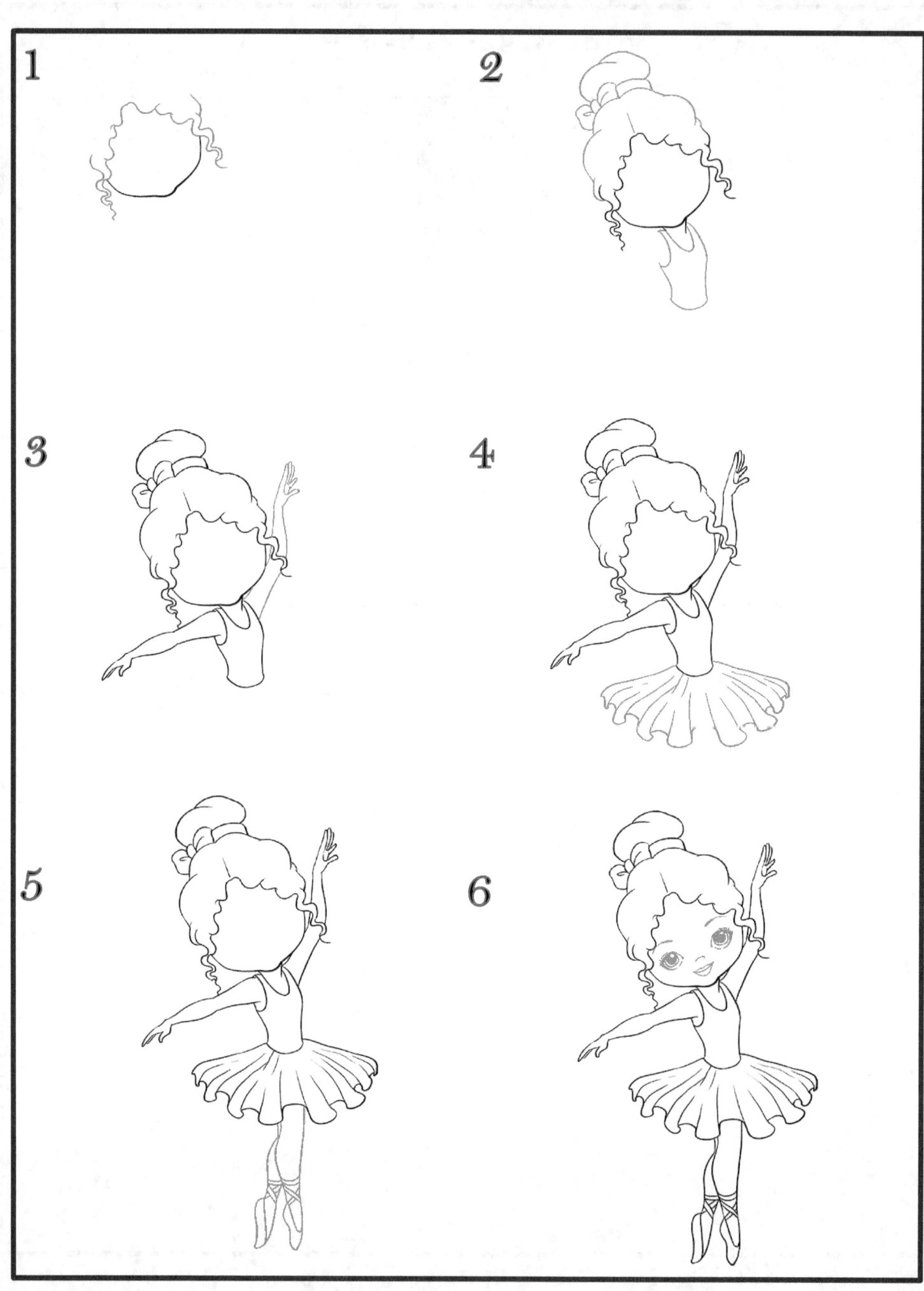

SORTEA AHORA

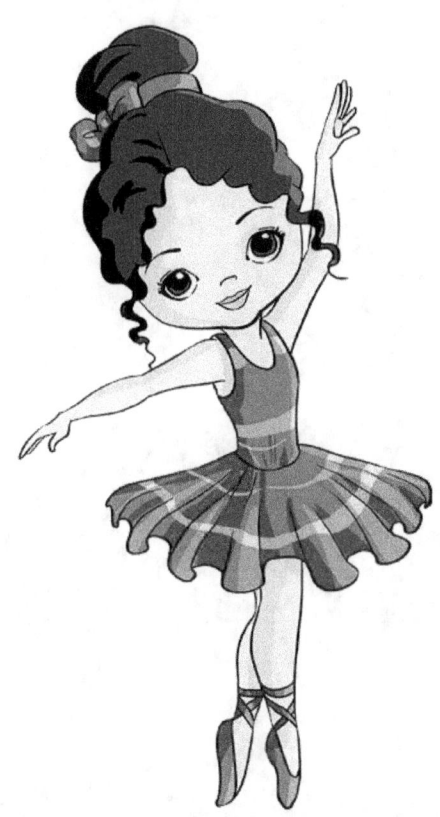

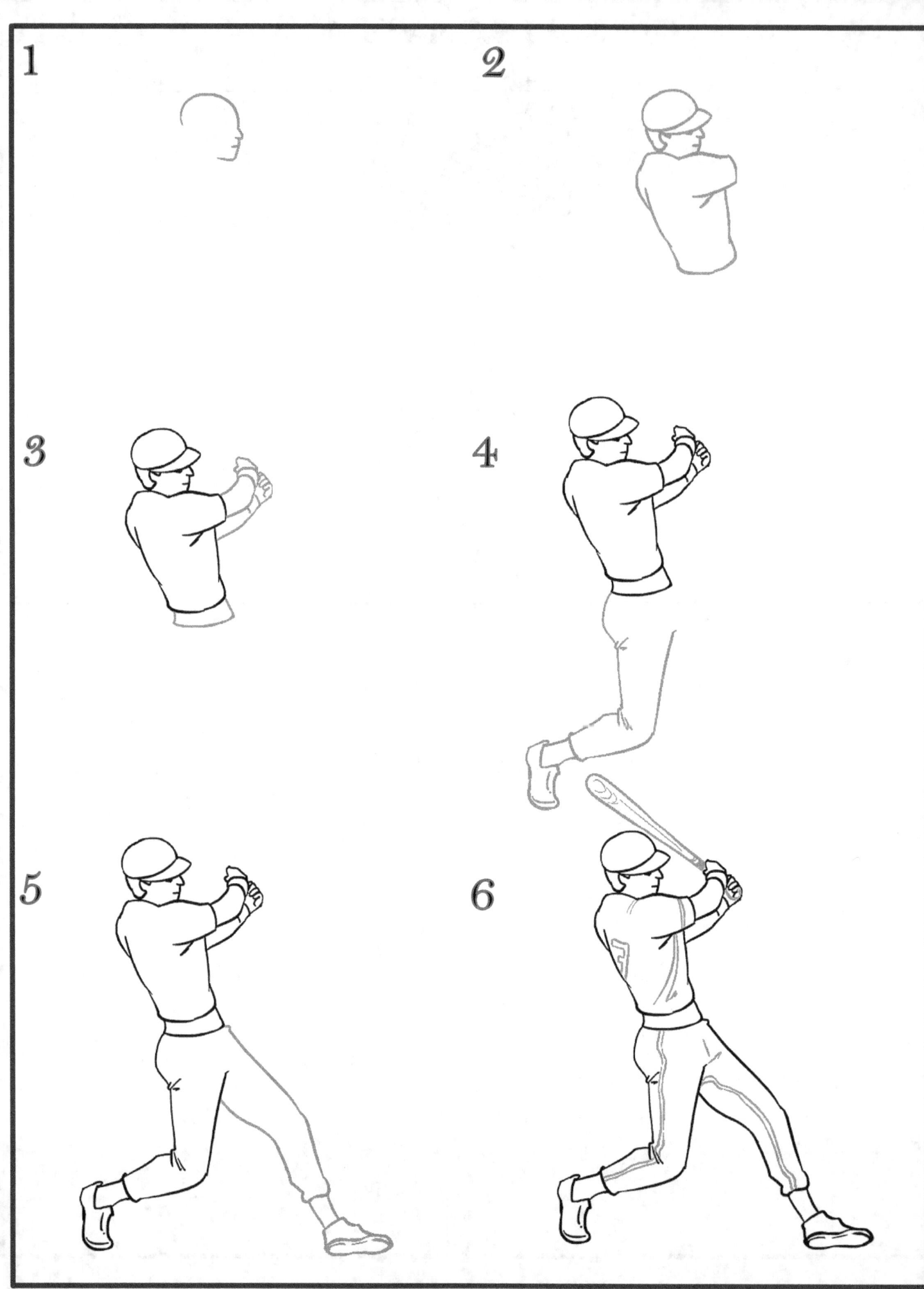

SORTEA AHORA

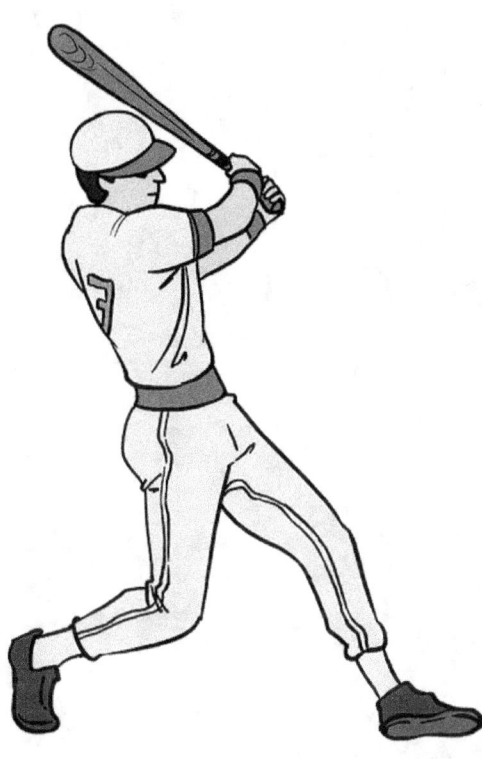

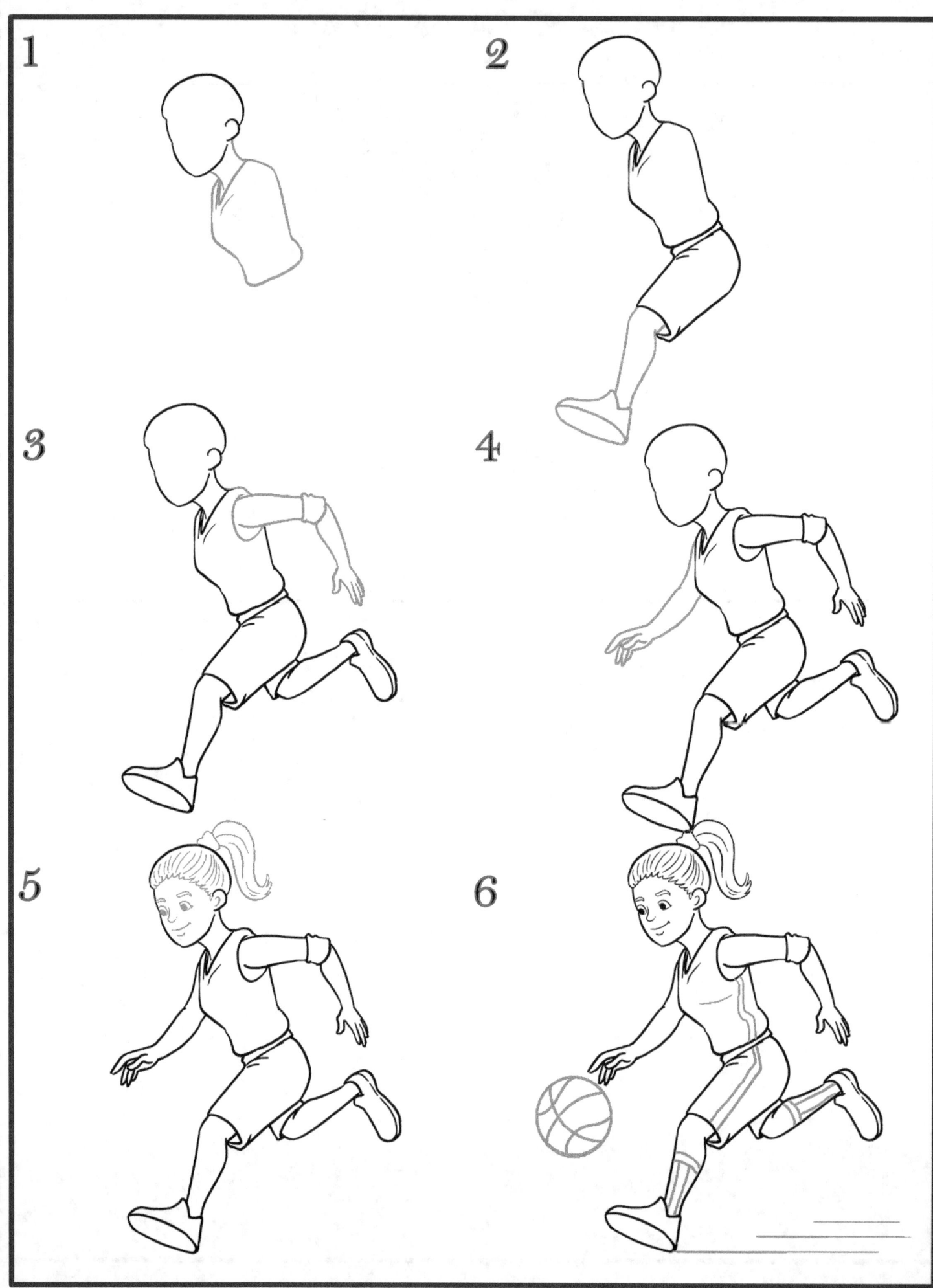

SORTEA AHORA

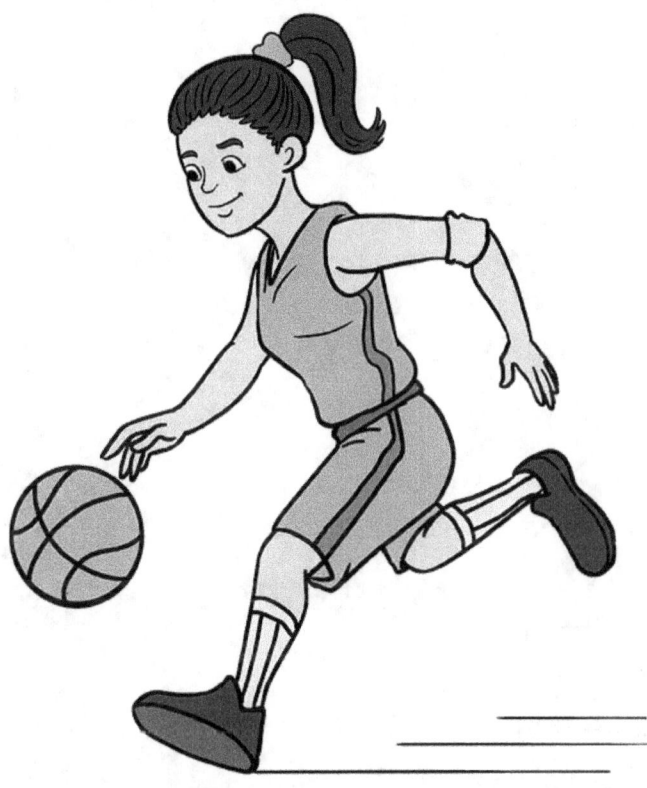

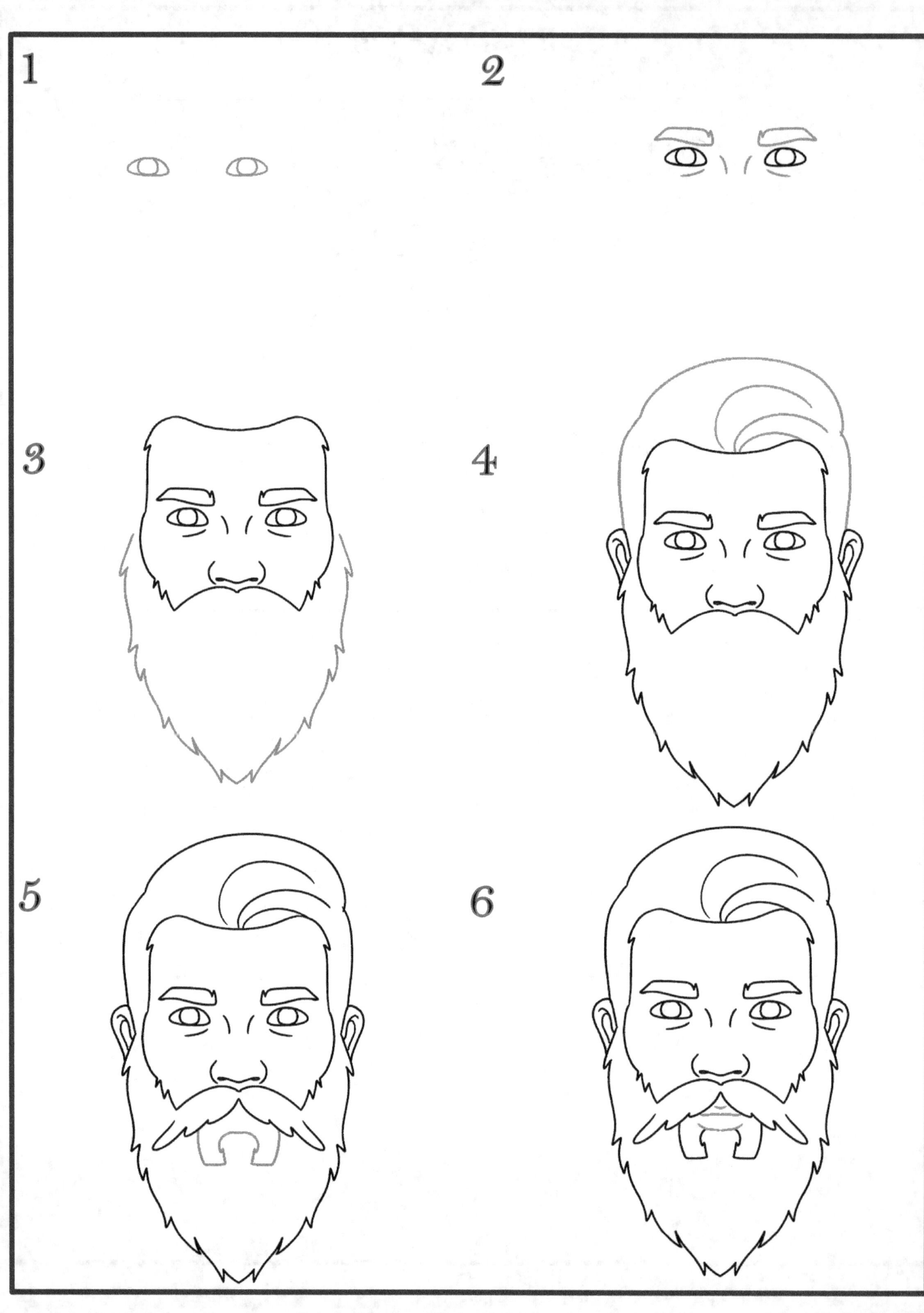

SORTEA AHORA

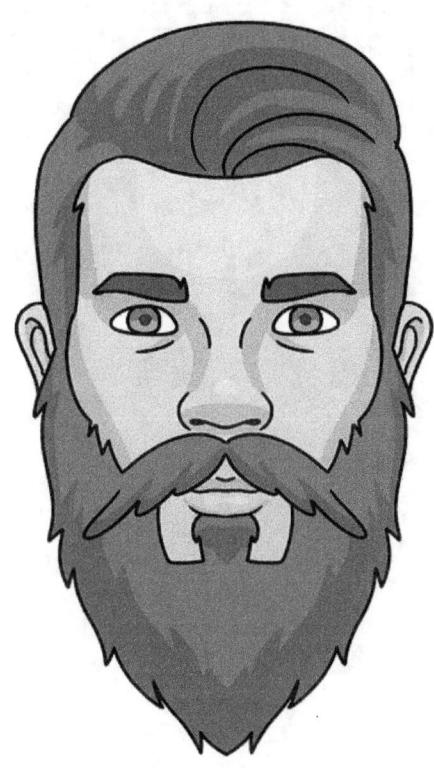

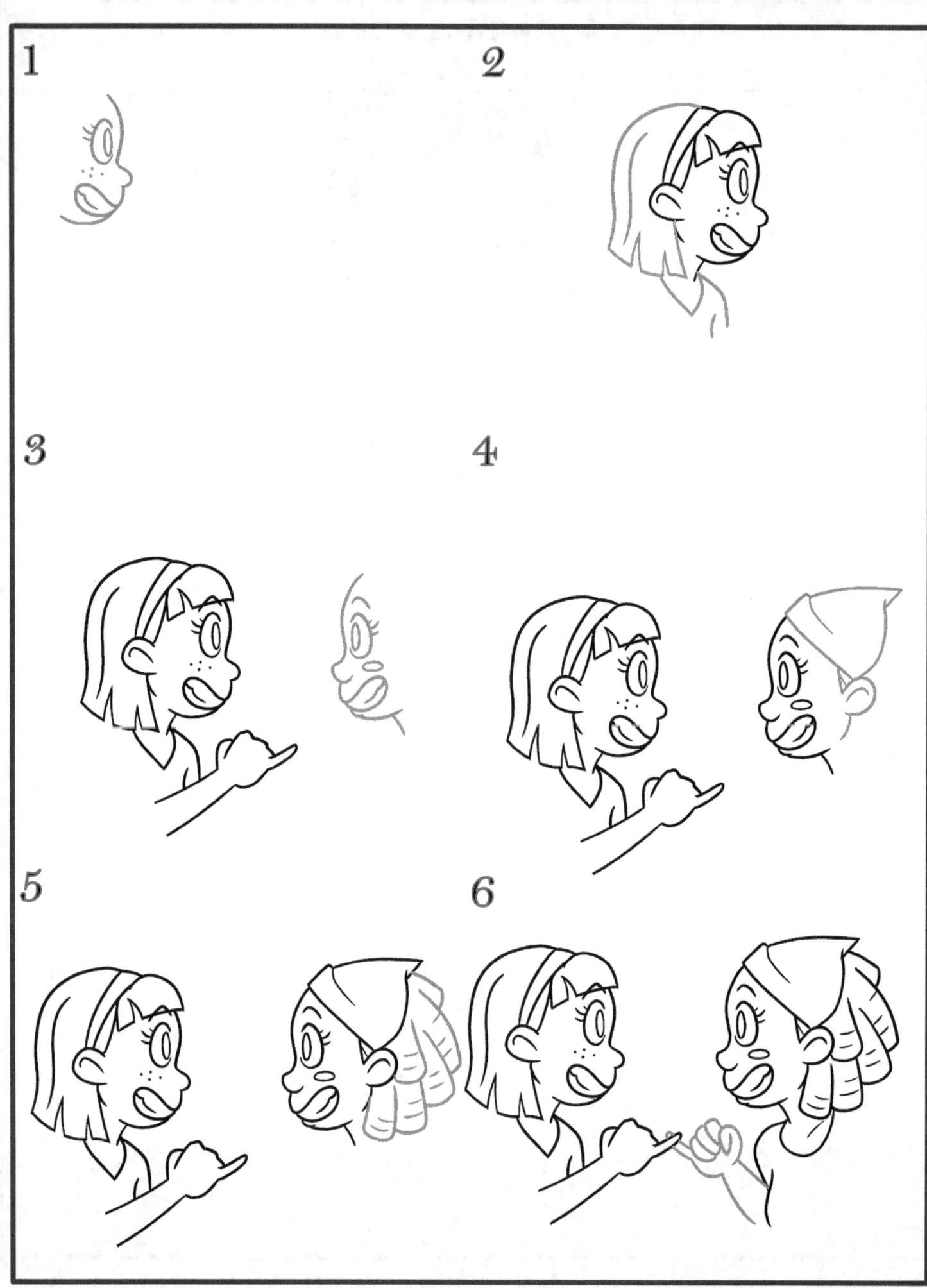

SORTEA AHORA

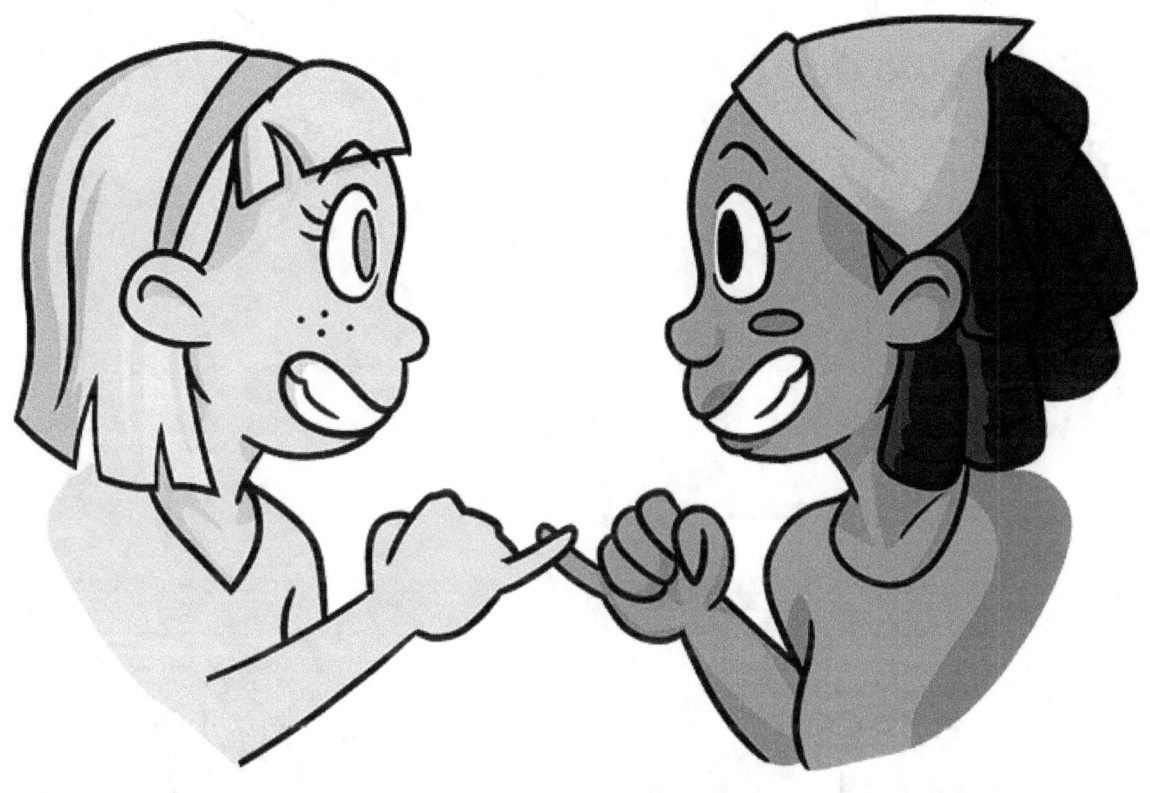

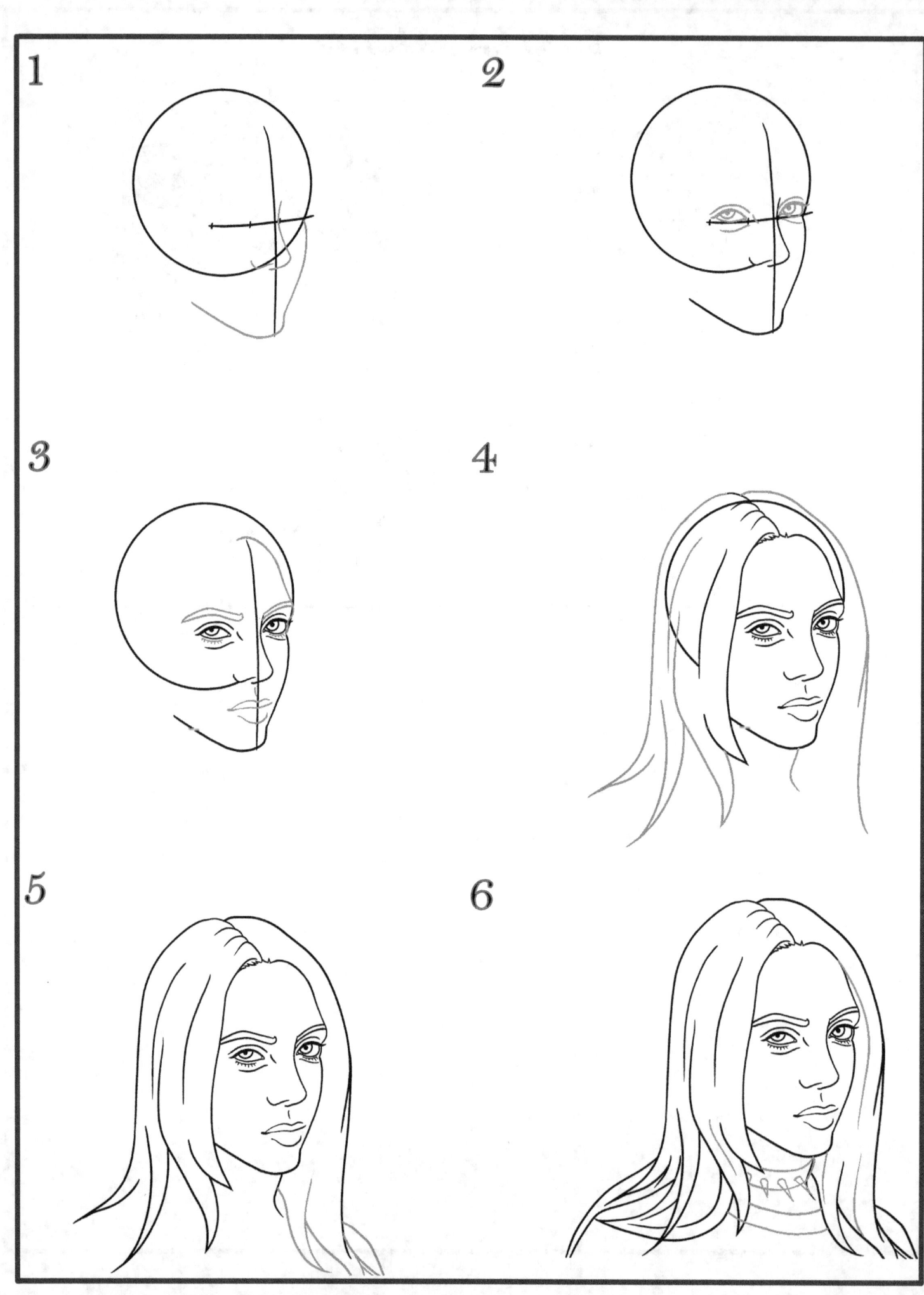

SORTEA AHORA

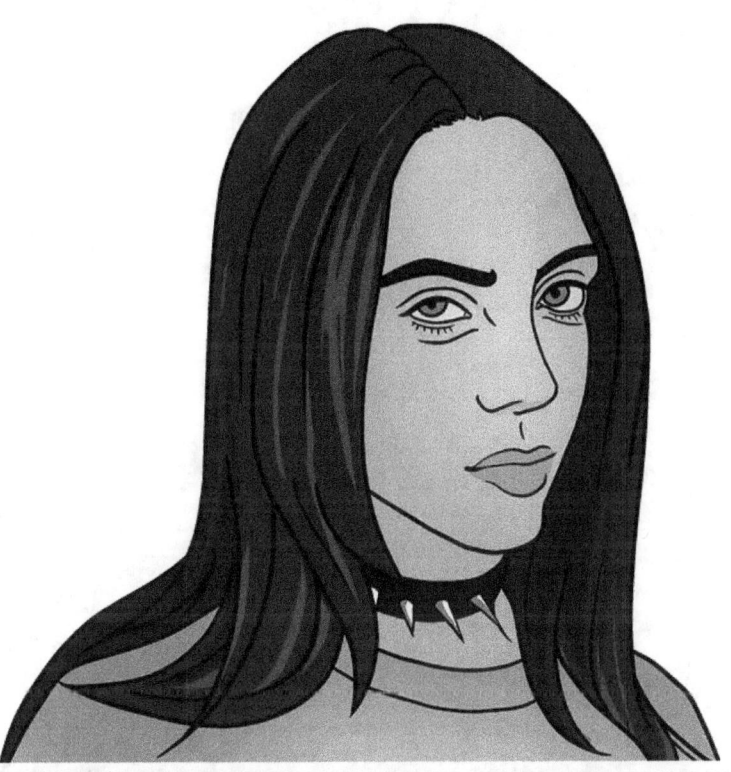

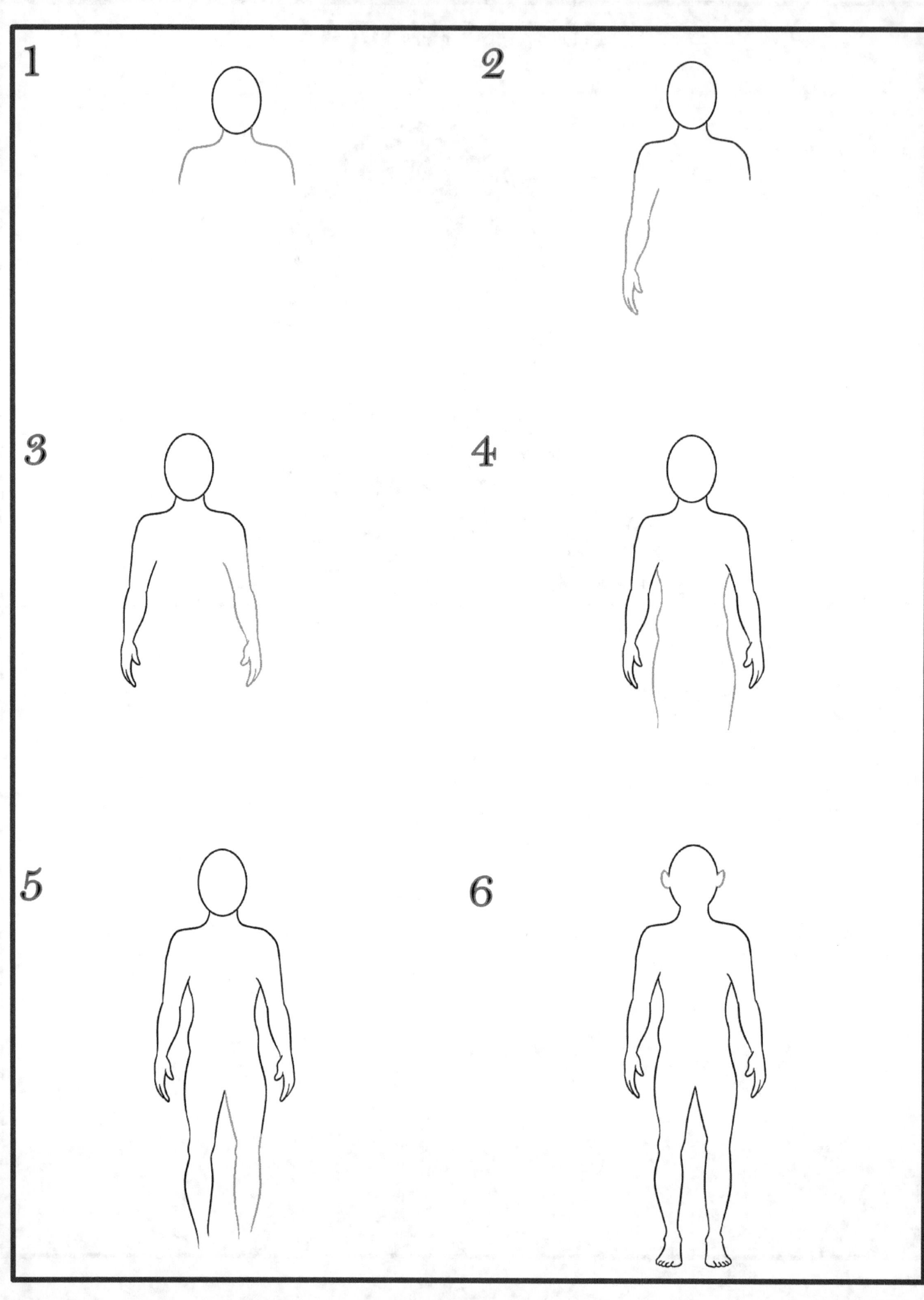

SORTEA AHORA

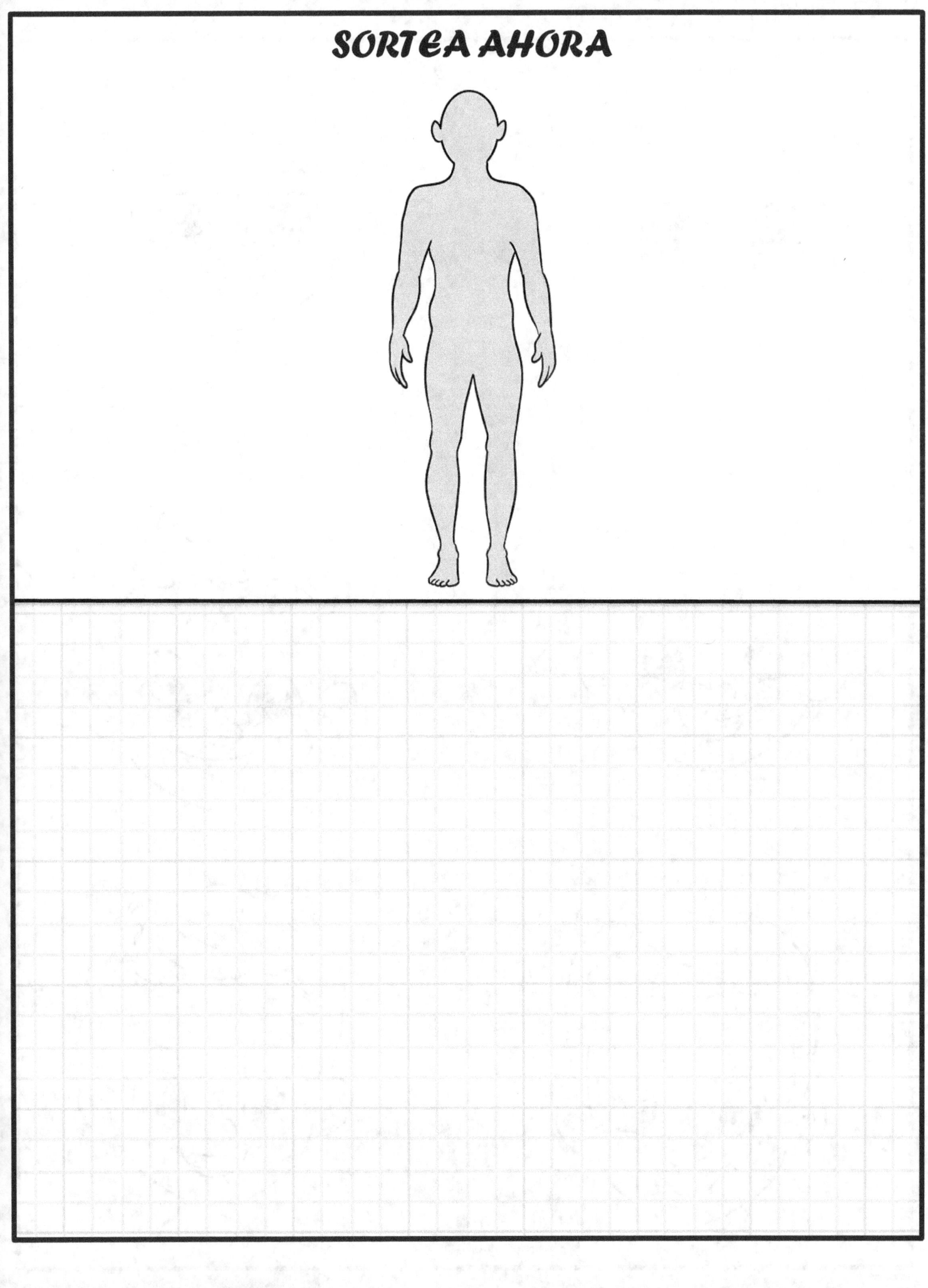

1

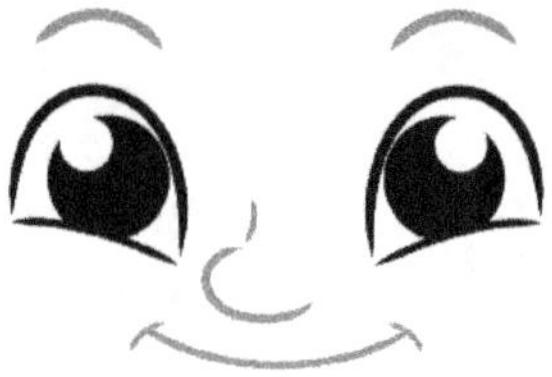

2

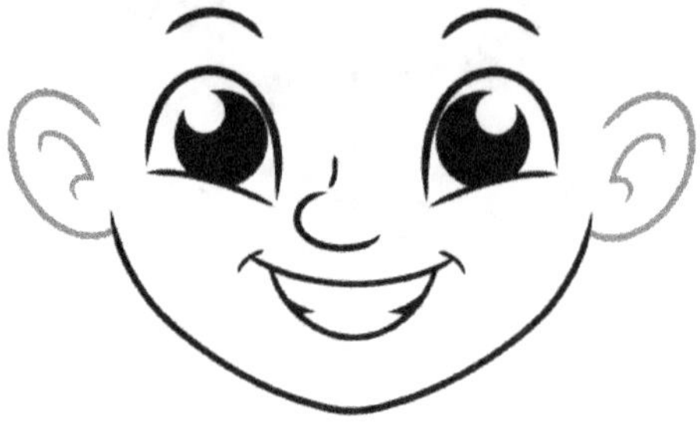

3

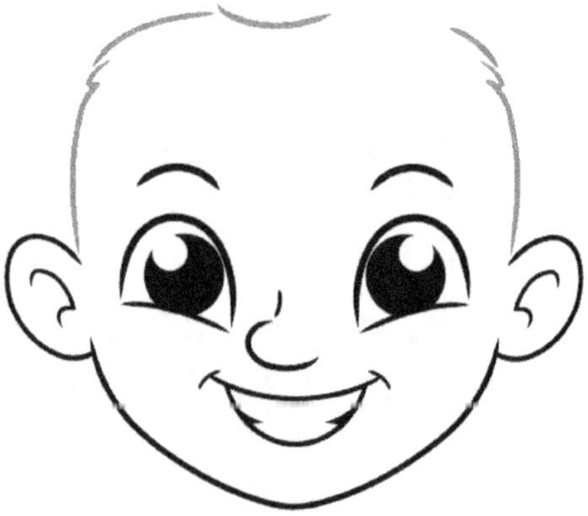

4

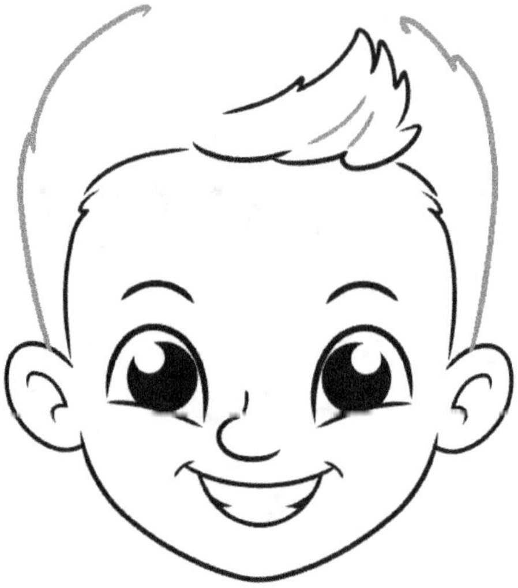

5

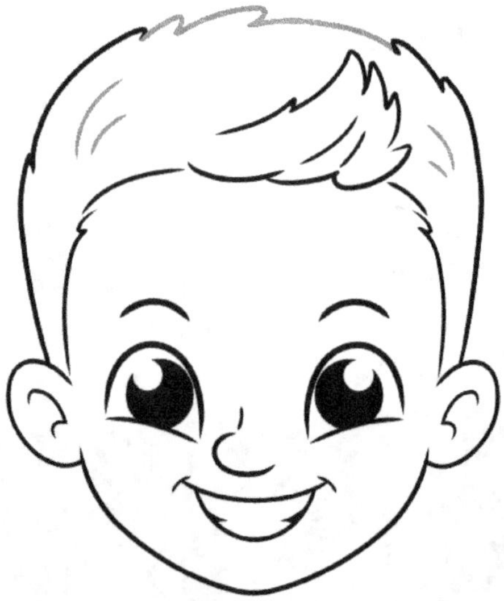

6

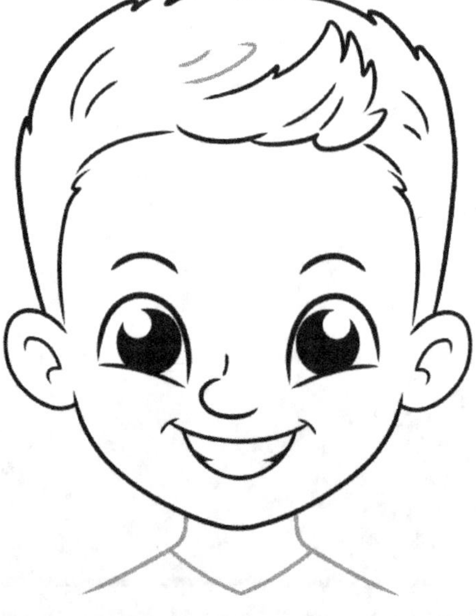

SORTEA AHORA

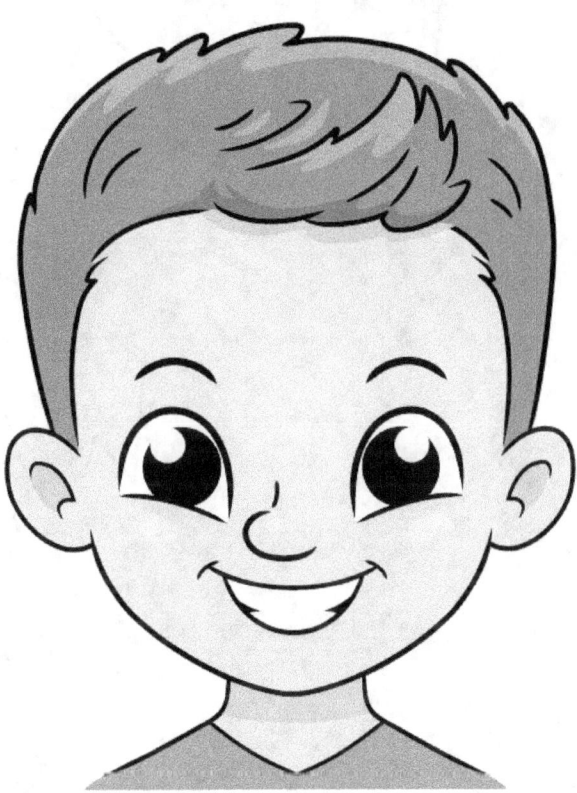

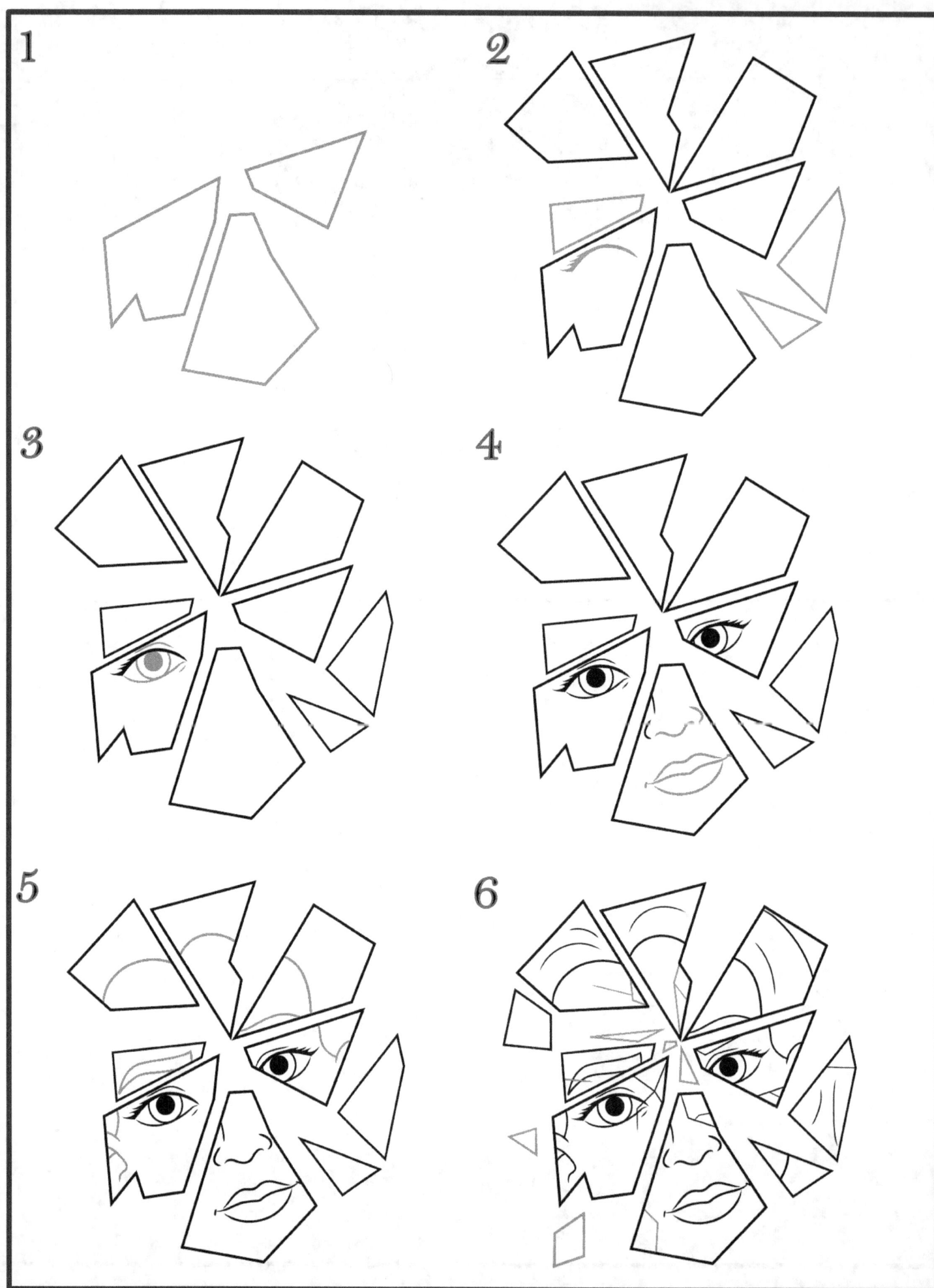

SORTEA AHORA

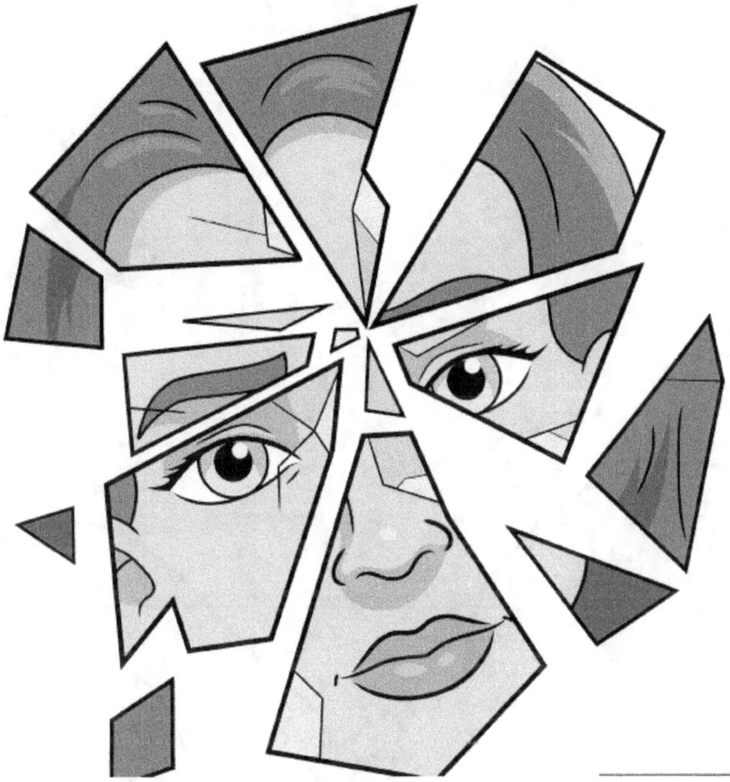

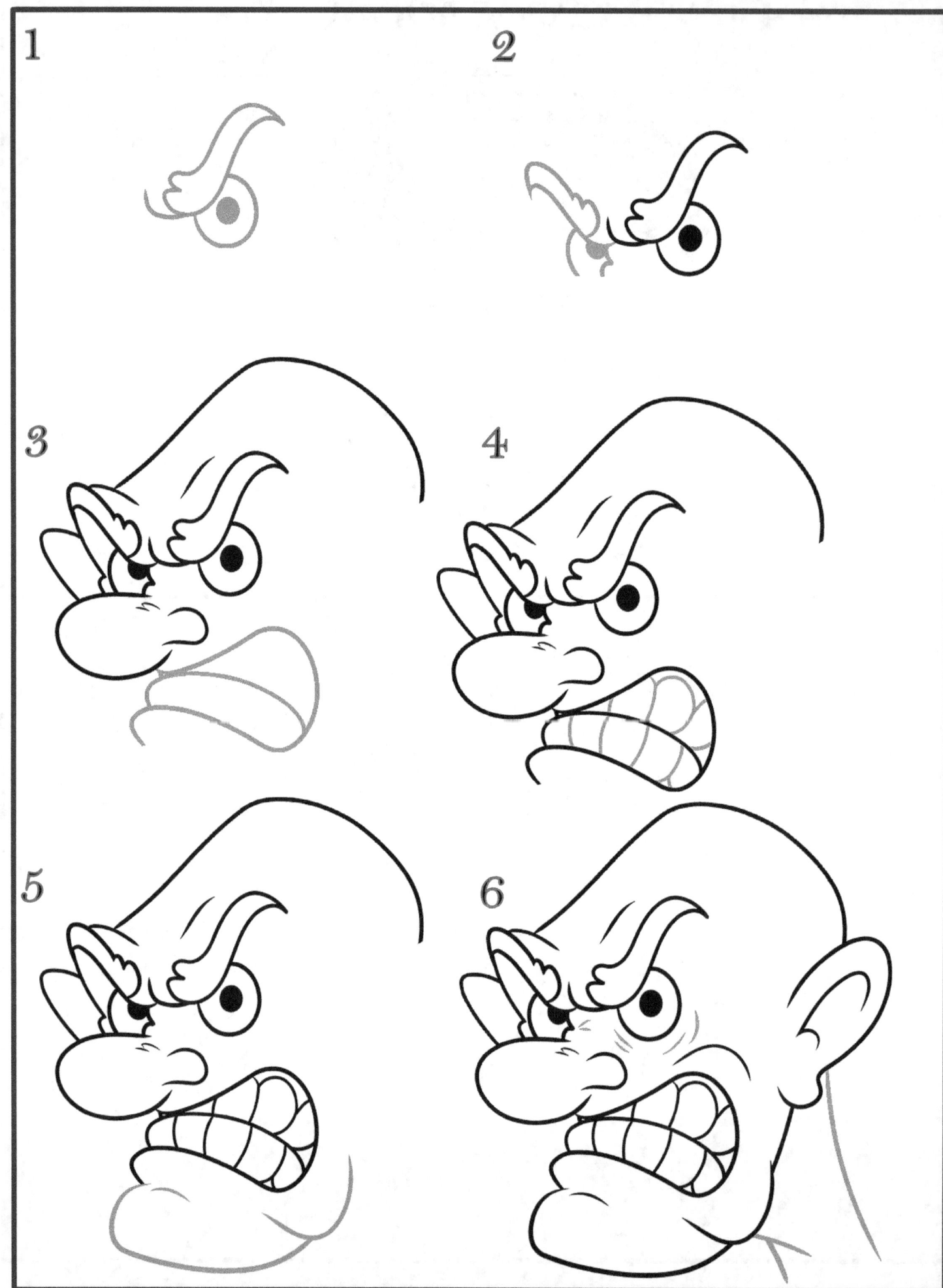

SORTEA AHORA

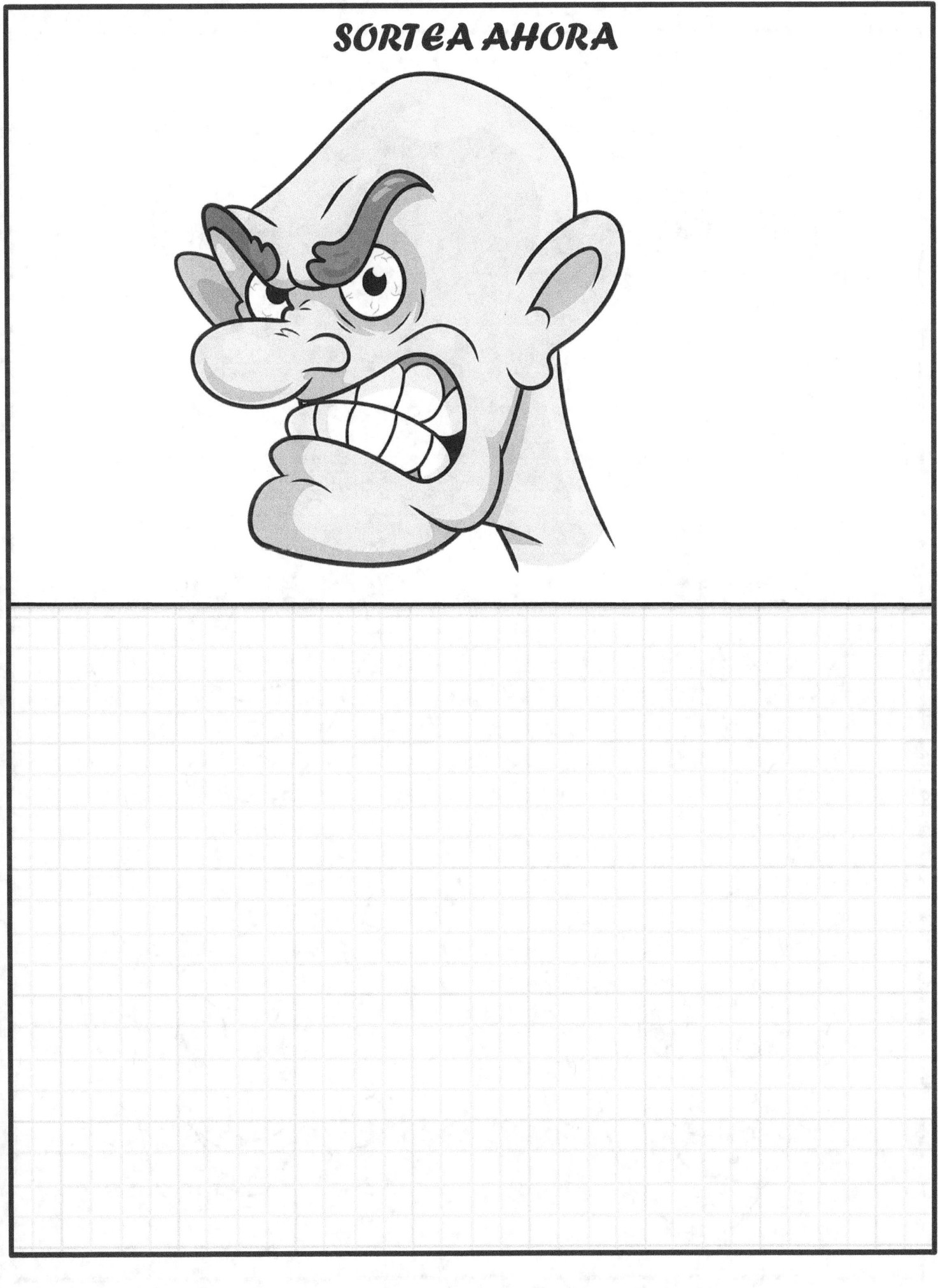

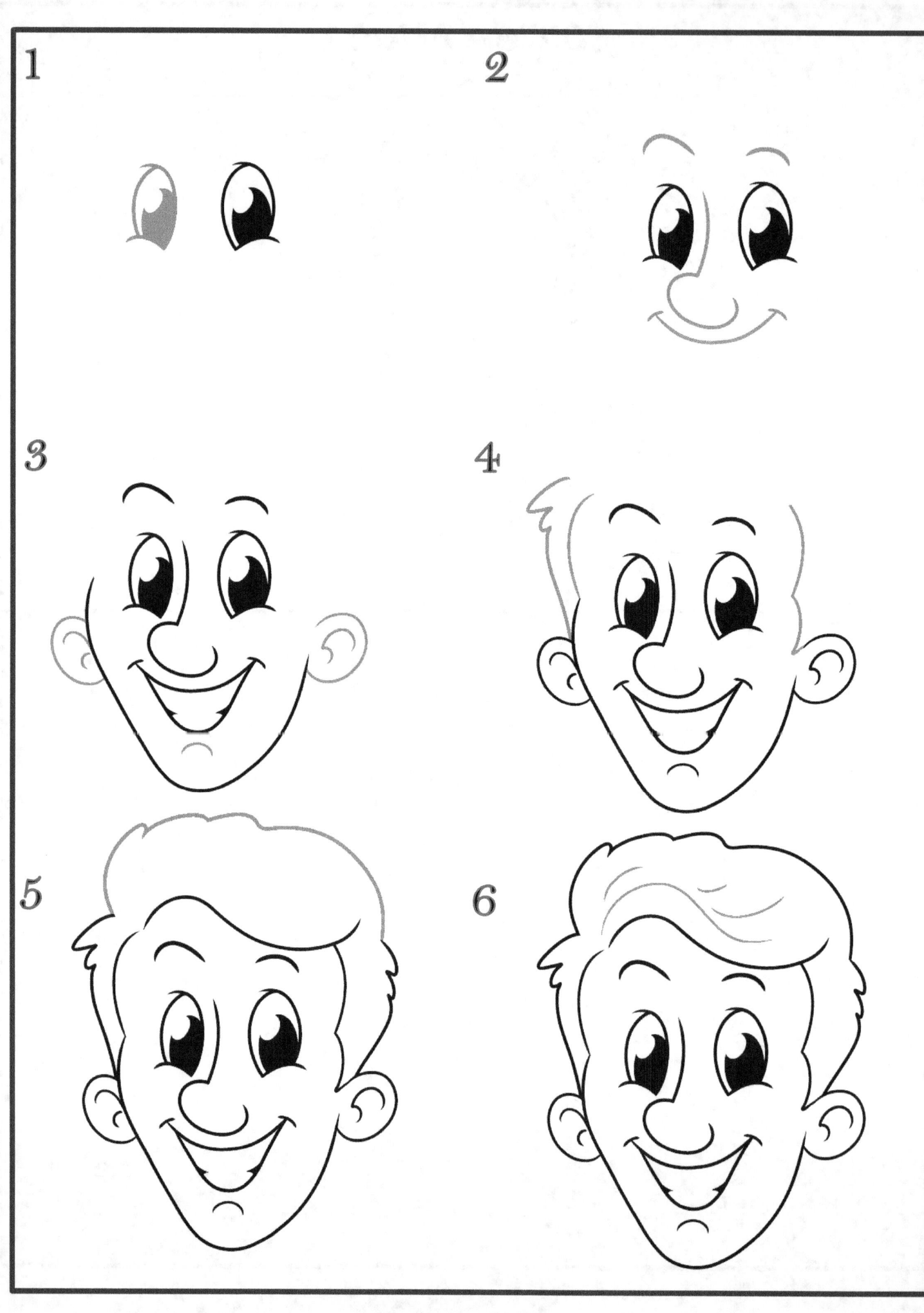

SORTEA AHORA

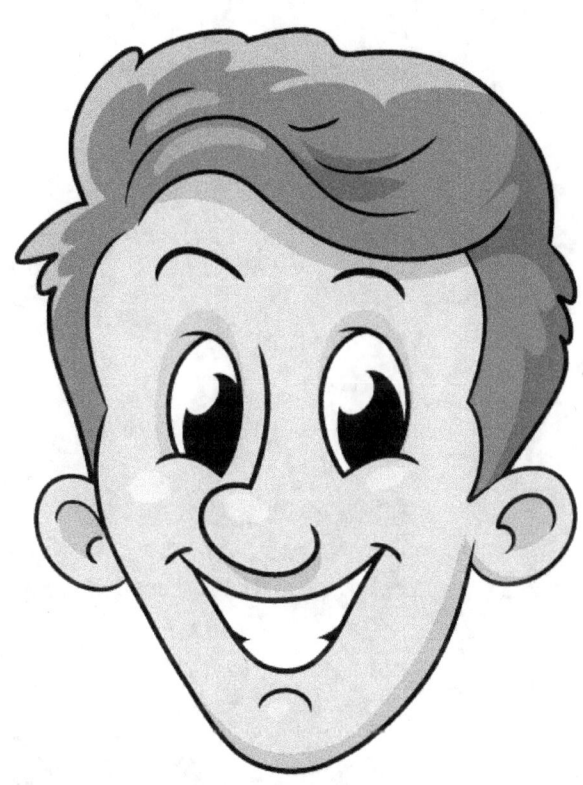

1

2

3

4

5

6

SORTEA AHORA

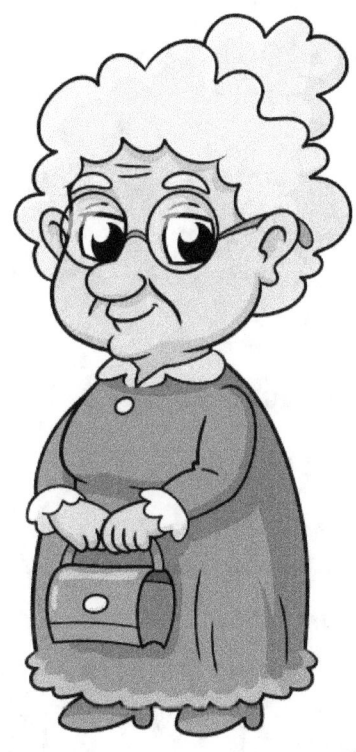

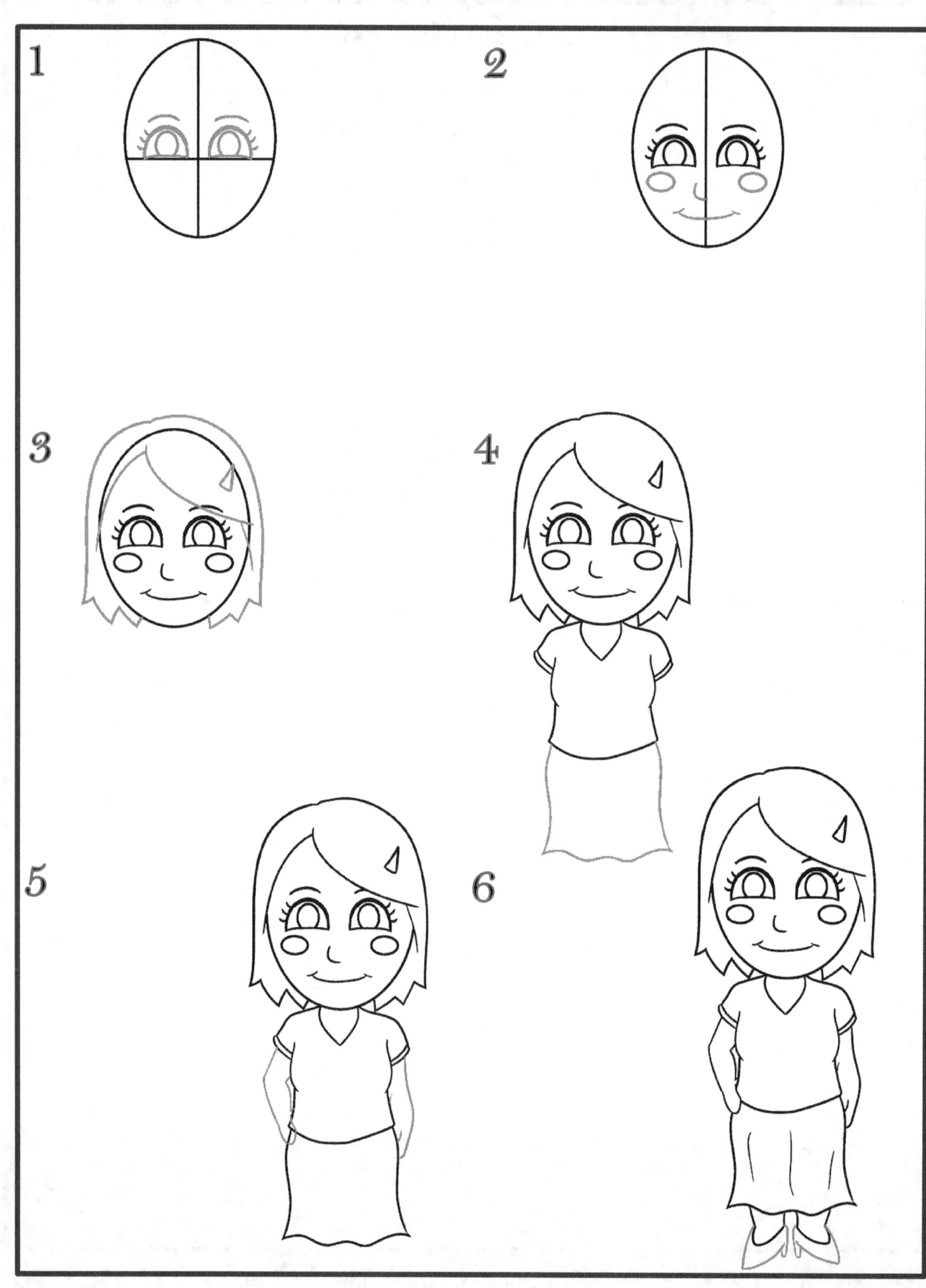

SORTEA AHORA

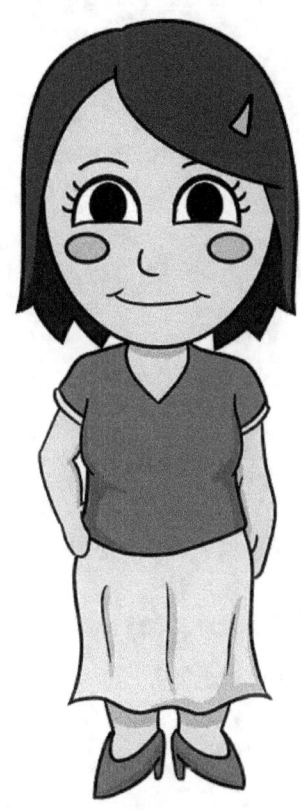

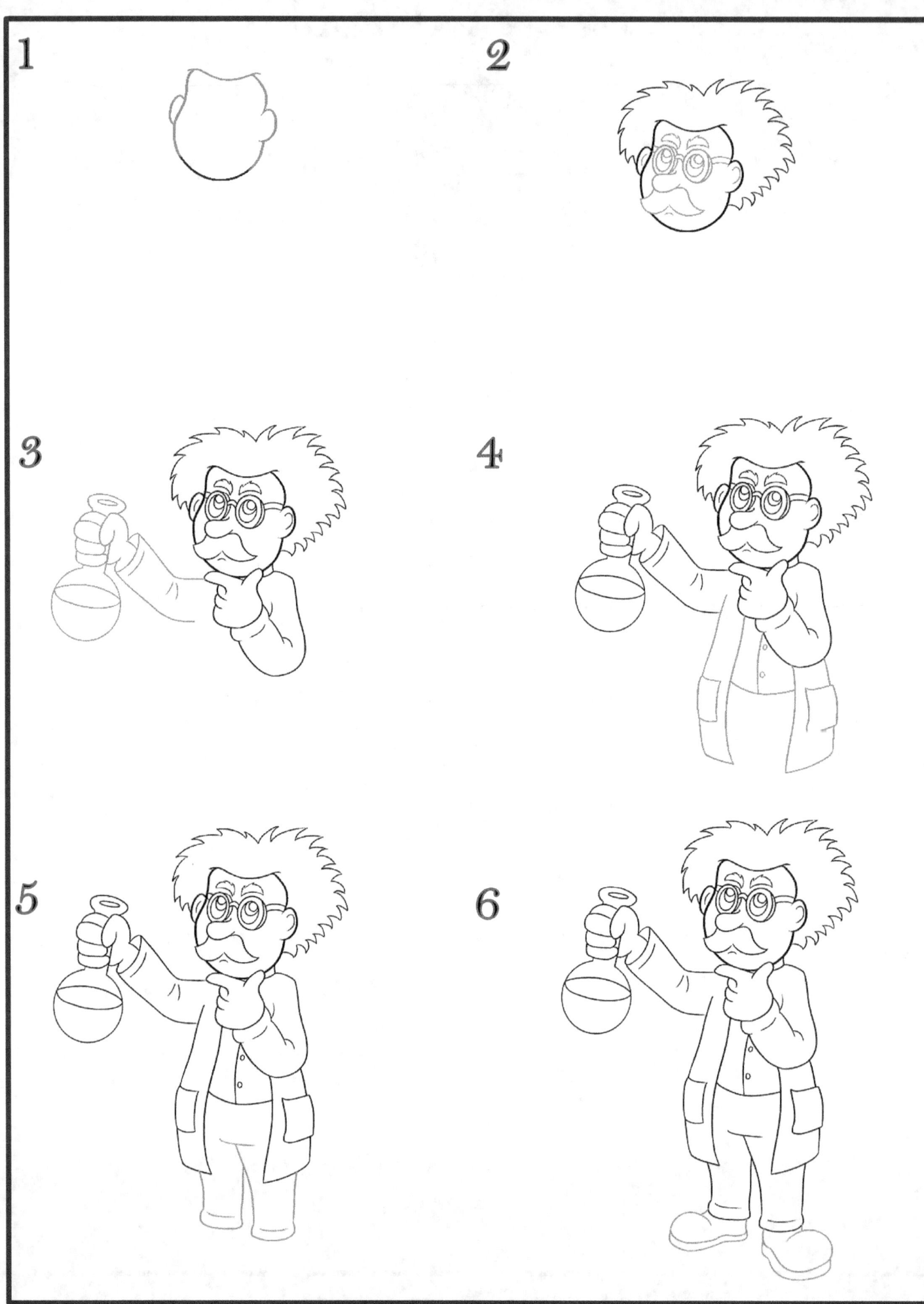

SORTEA AHORA

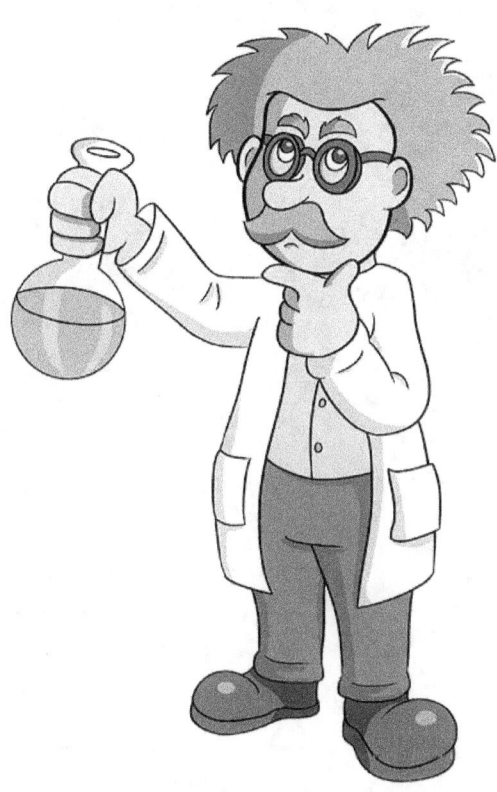

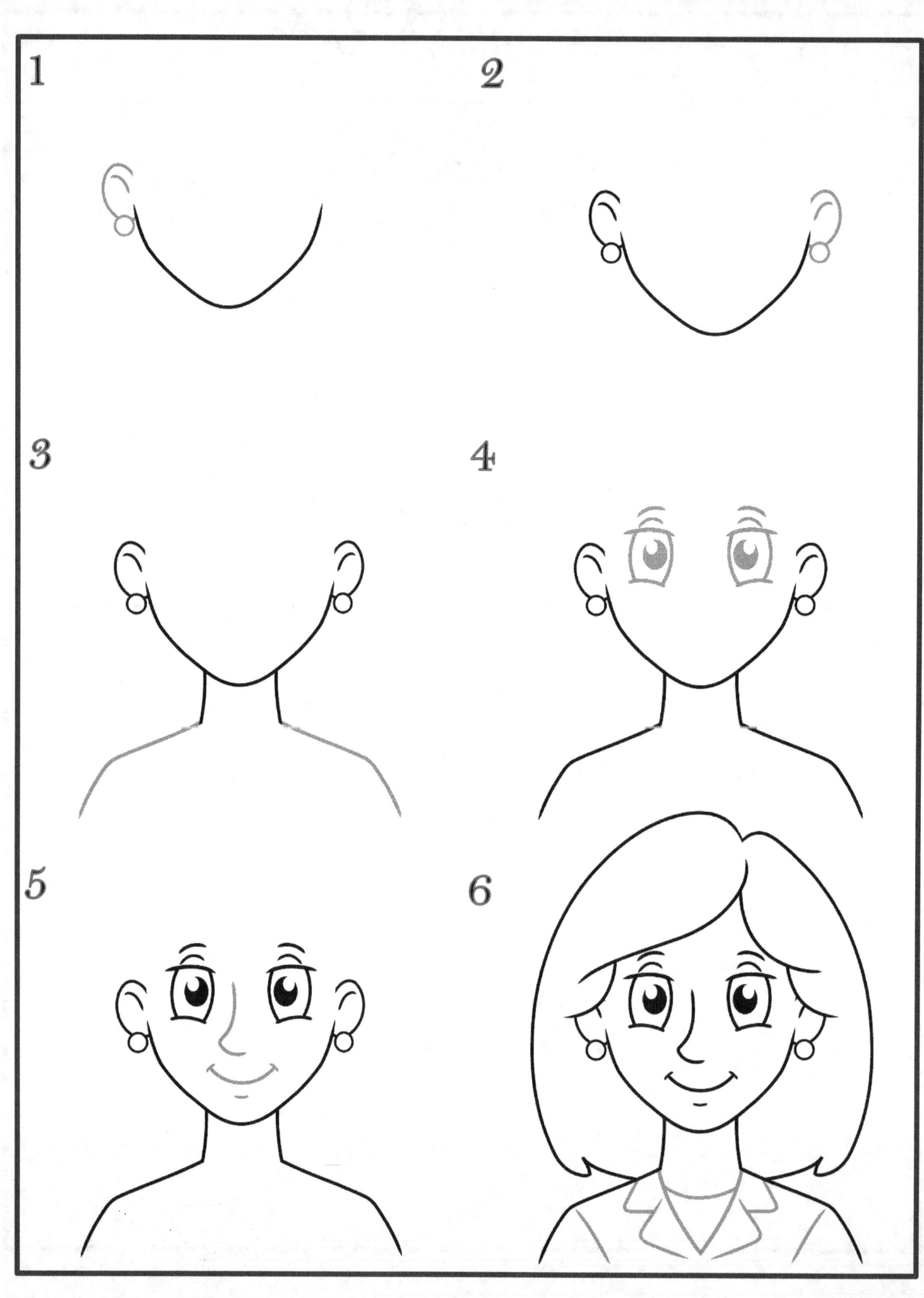

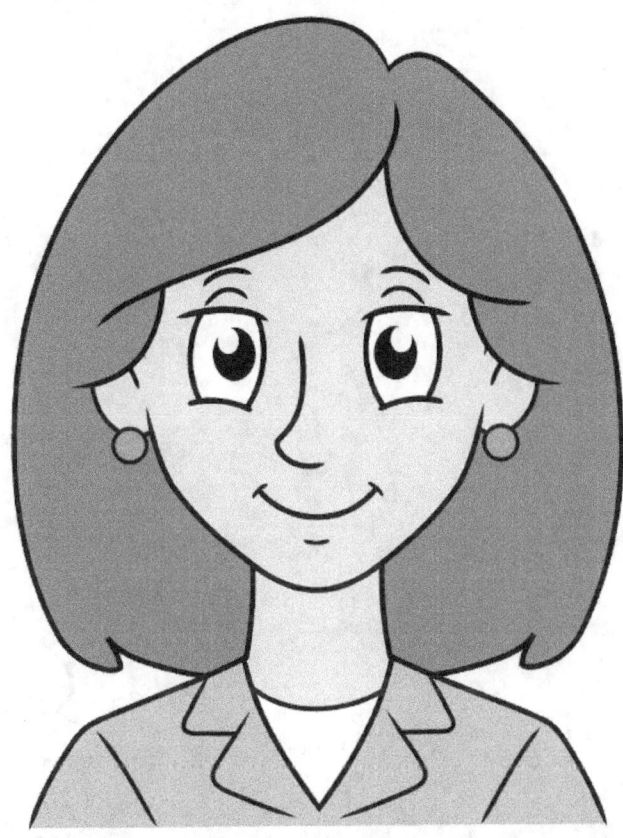

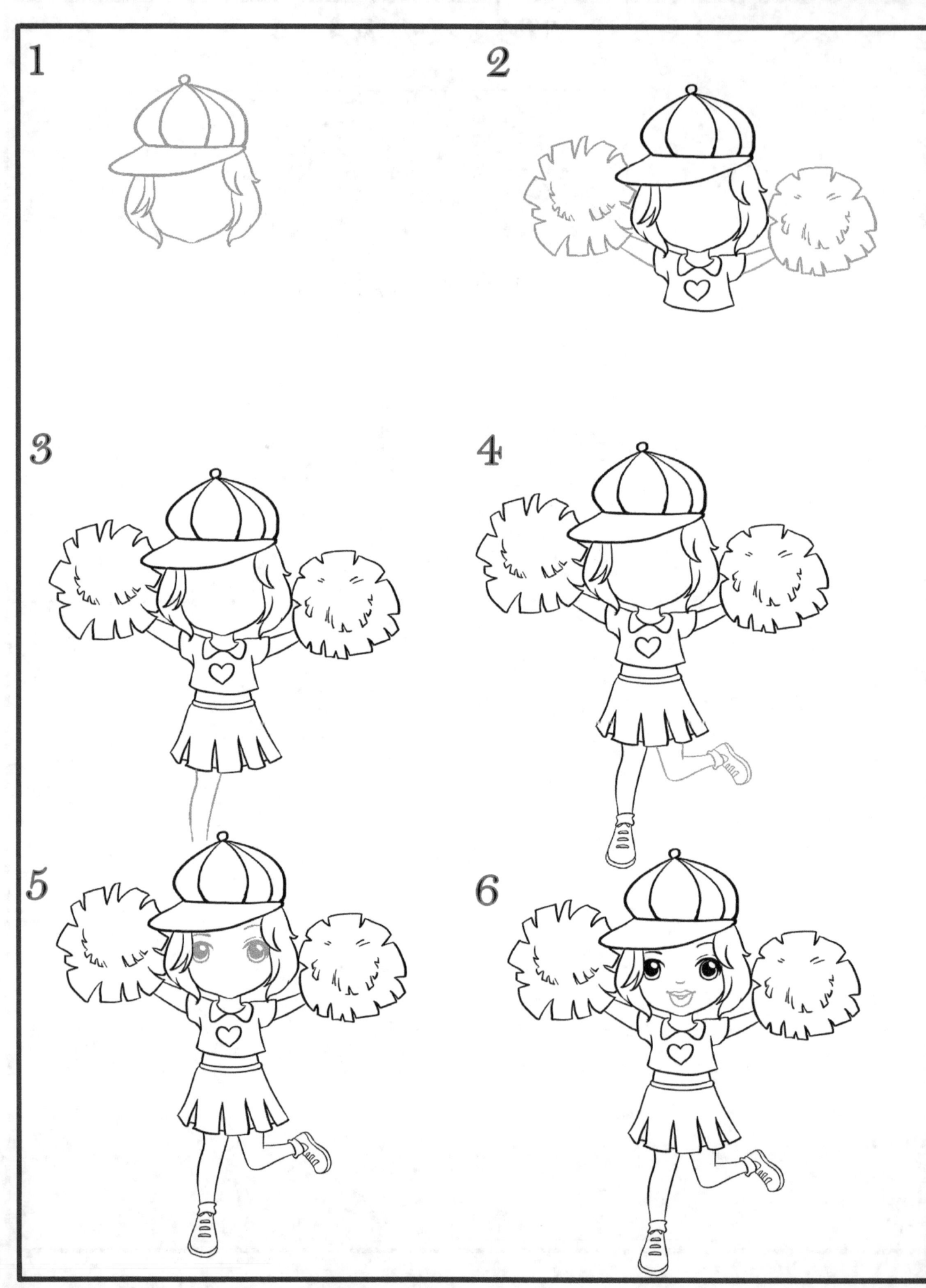

SORTEA AHORA

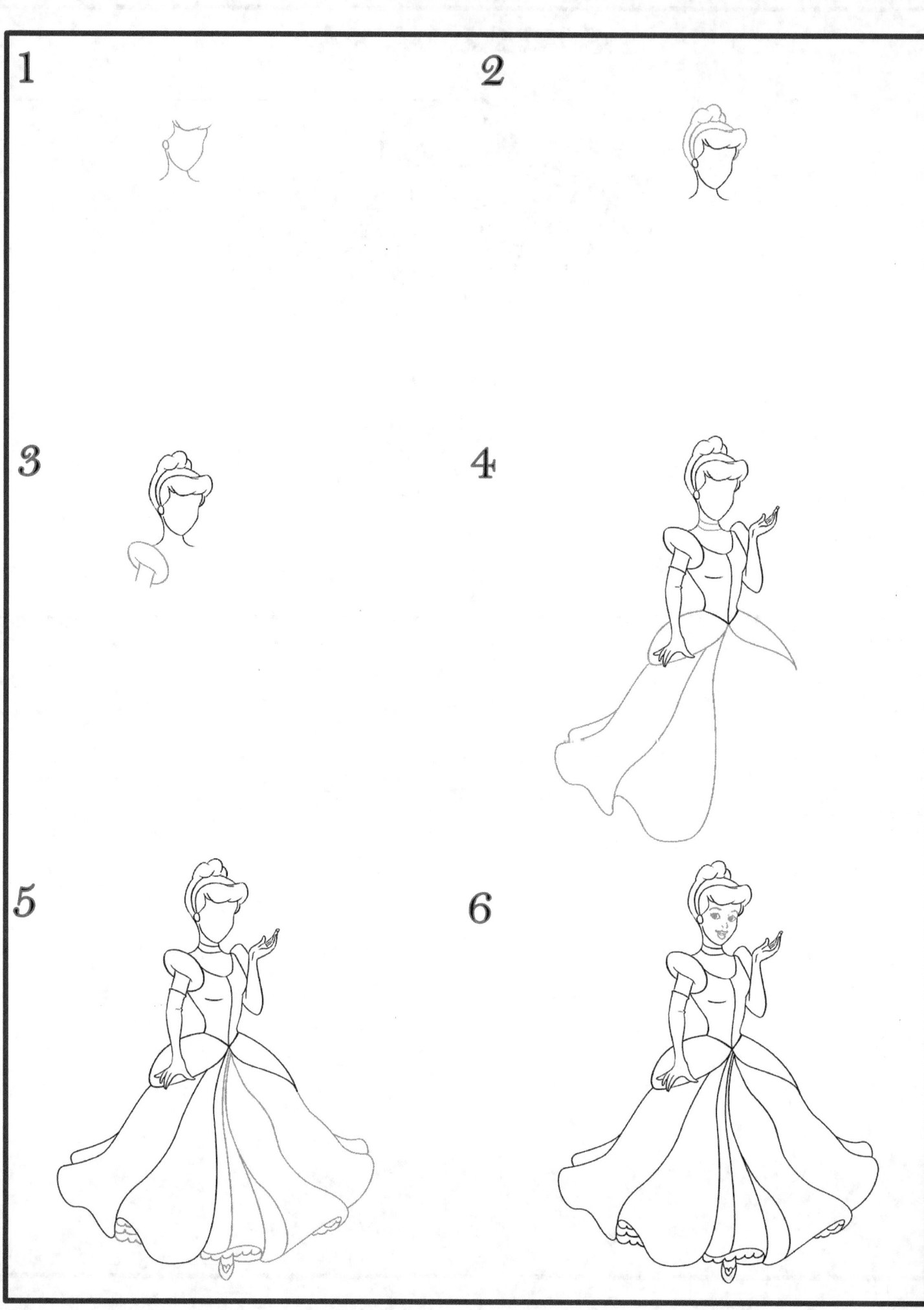

1

2

3

4

5

6

SORTEA AHORA

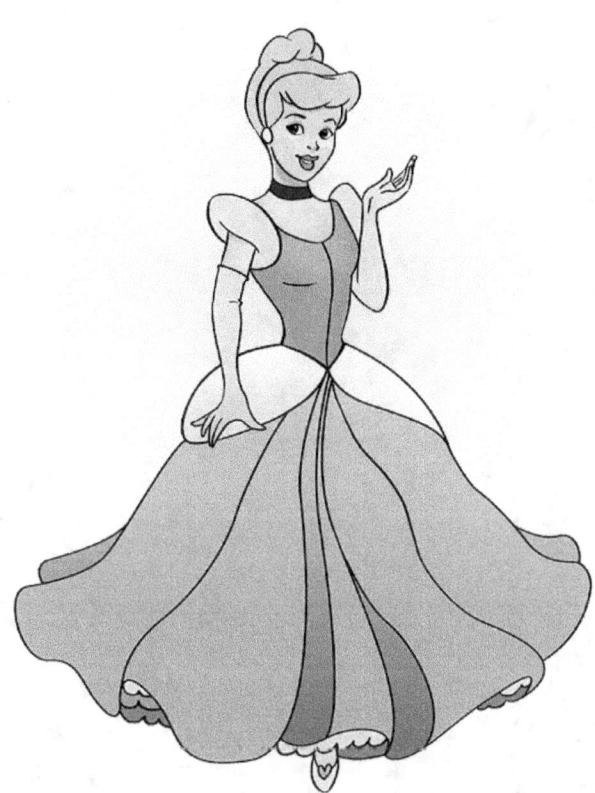

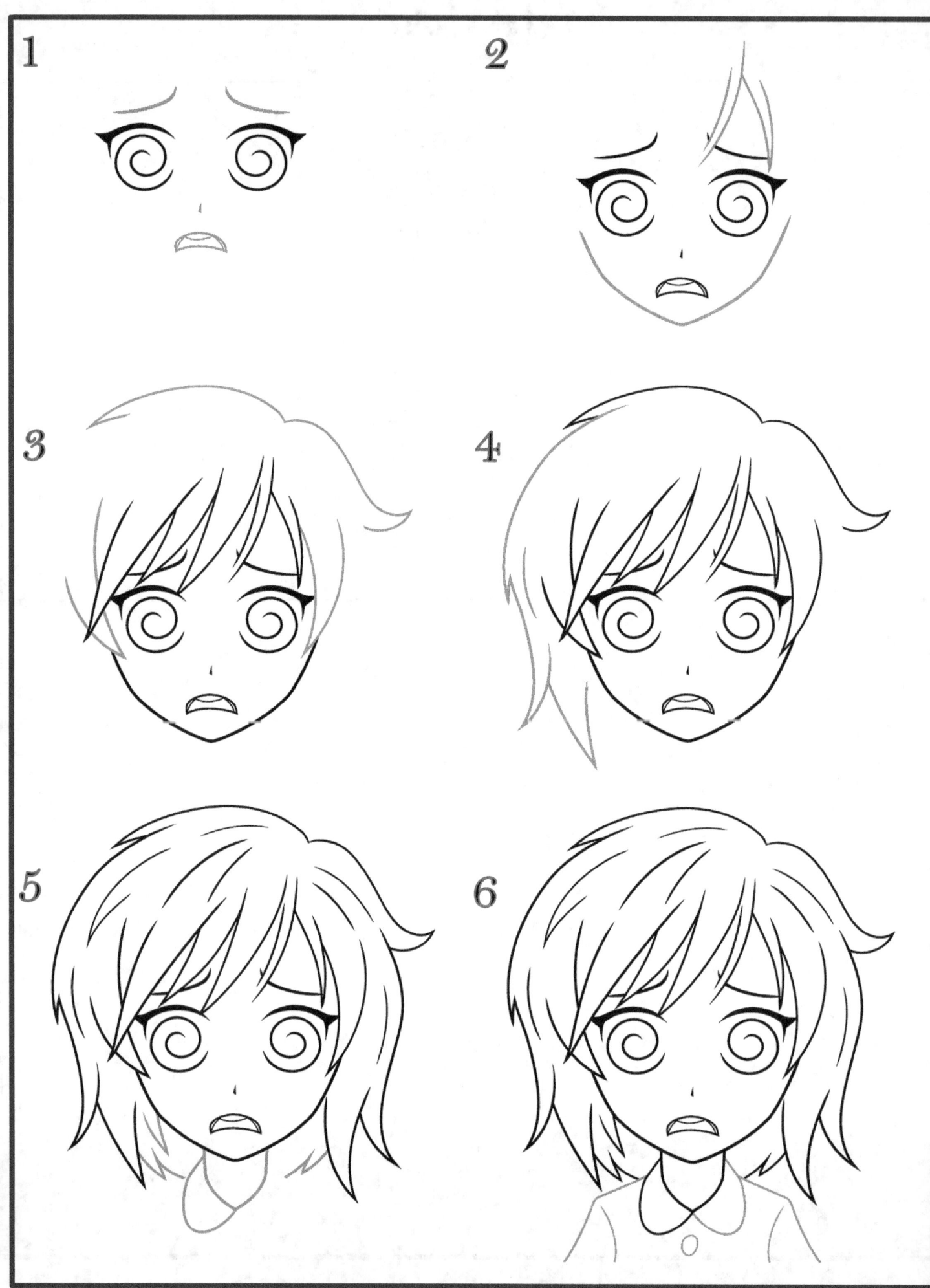

SORTEA AHORA

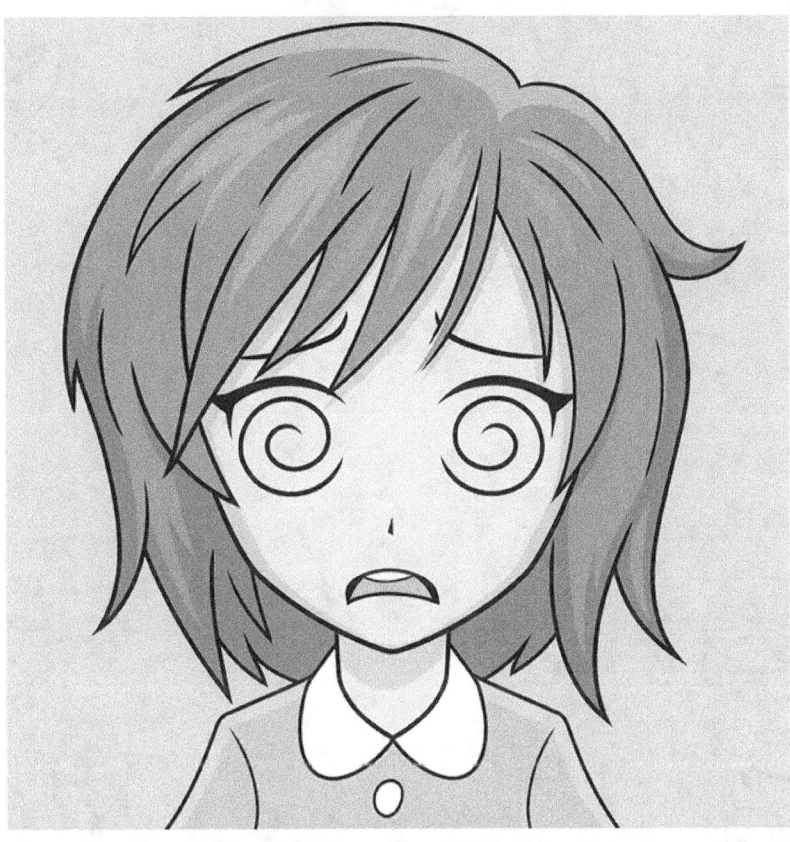

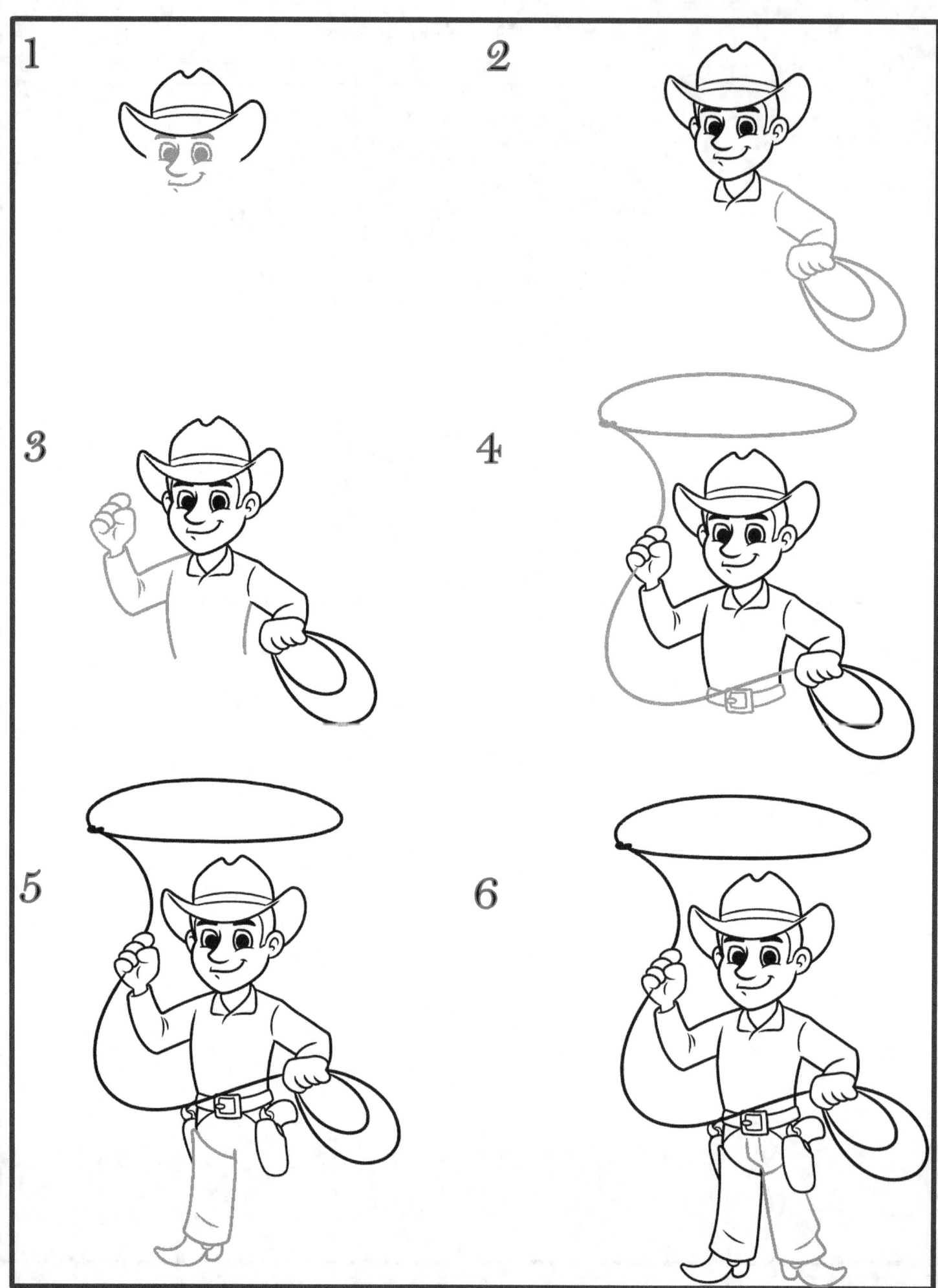

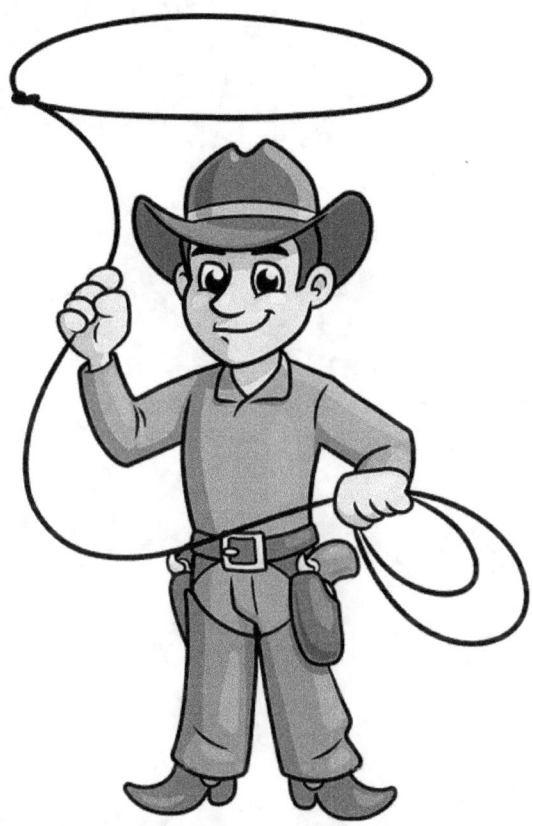

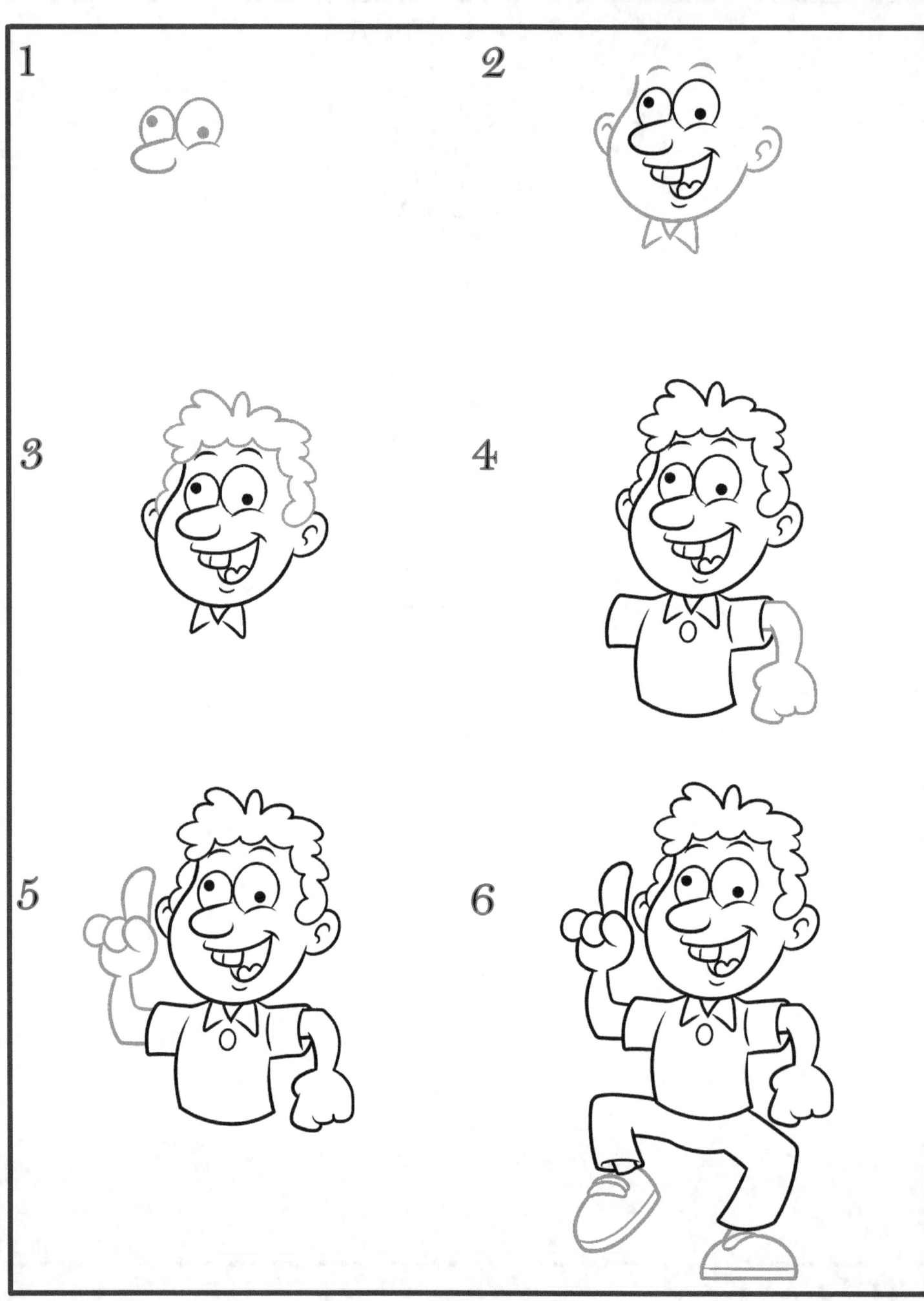

SORTEA AHORA

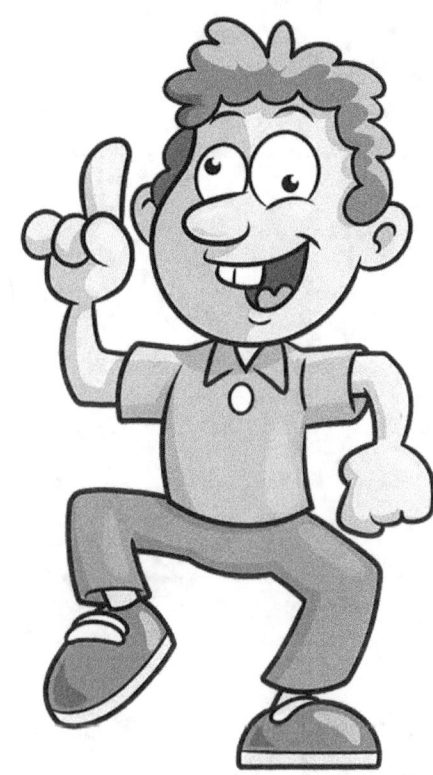

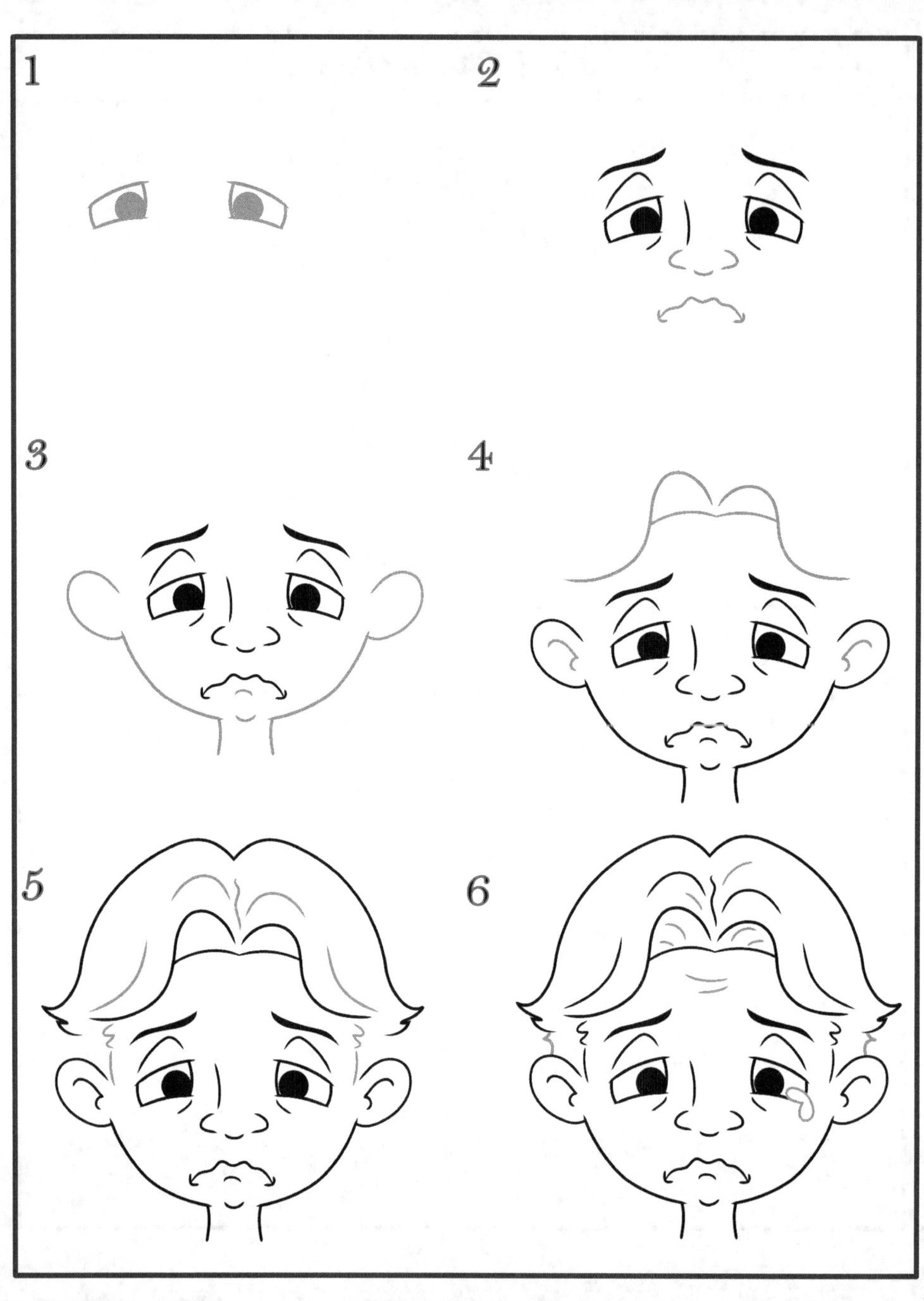

SORTEA AHORA

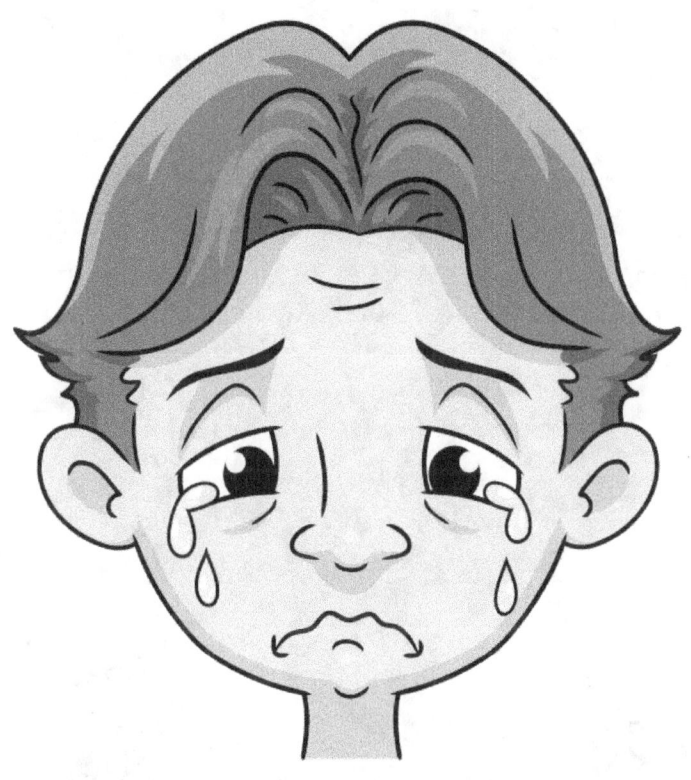

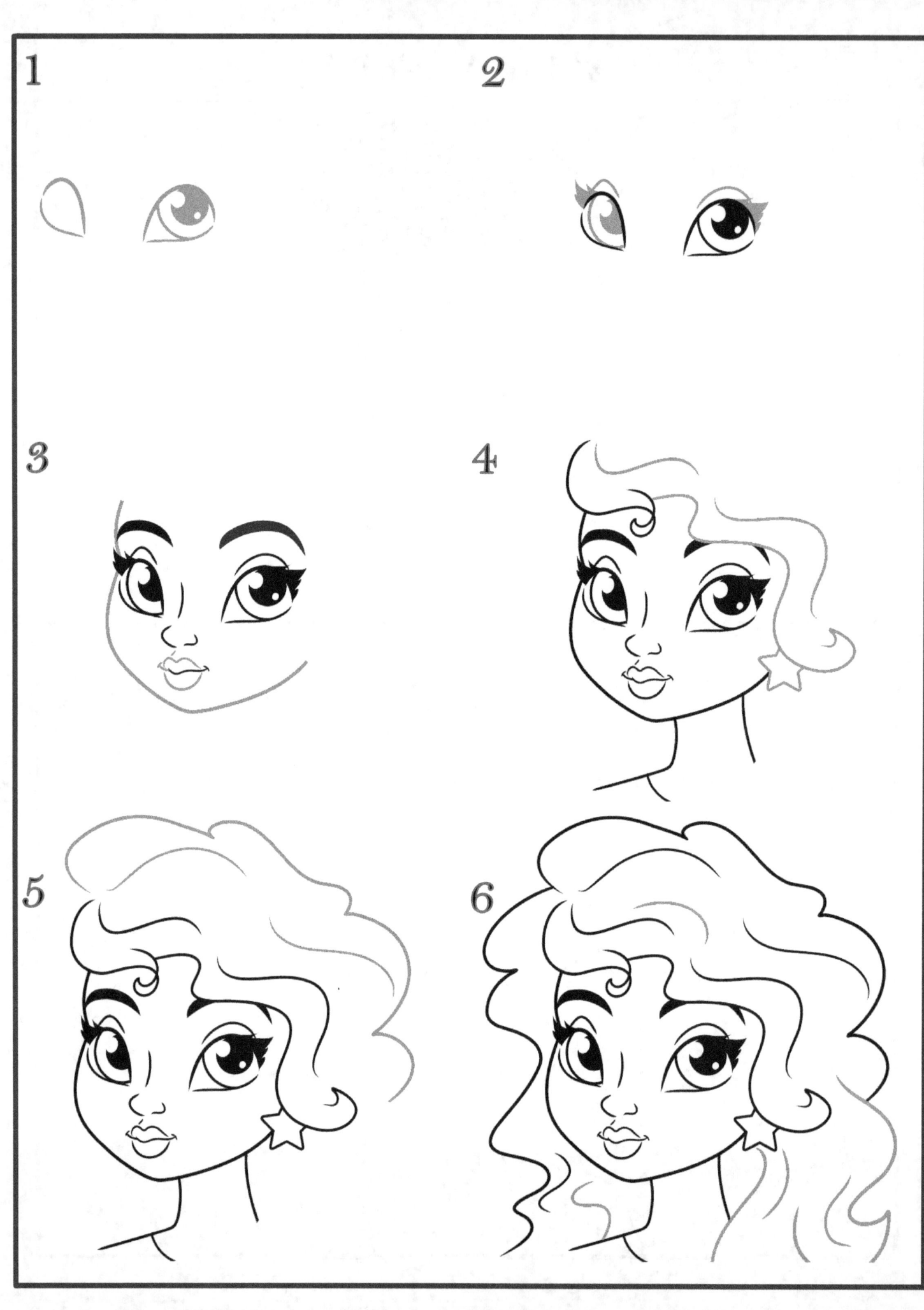

SORTEA AHORA

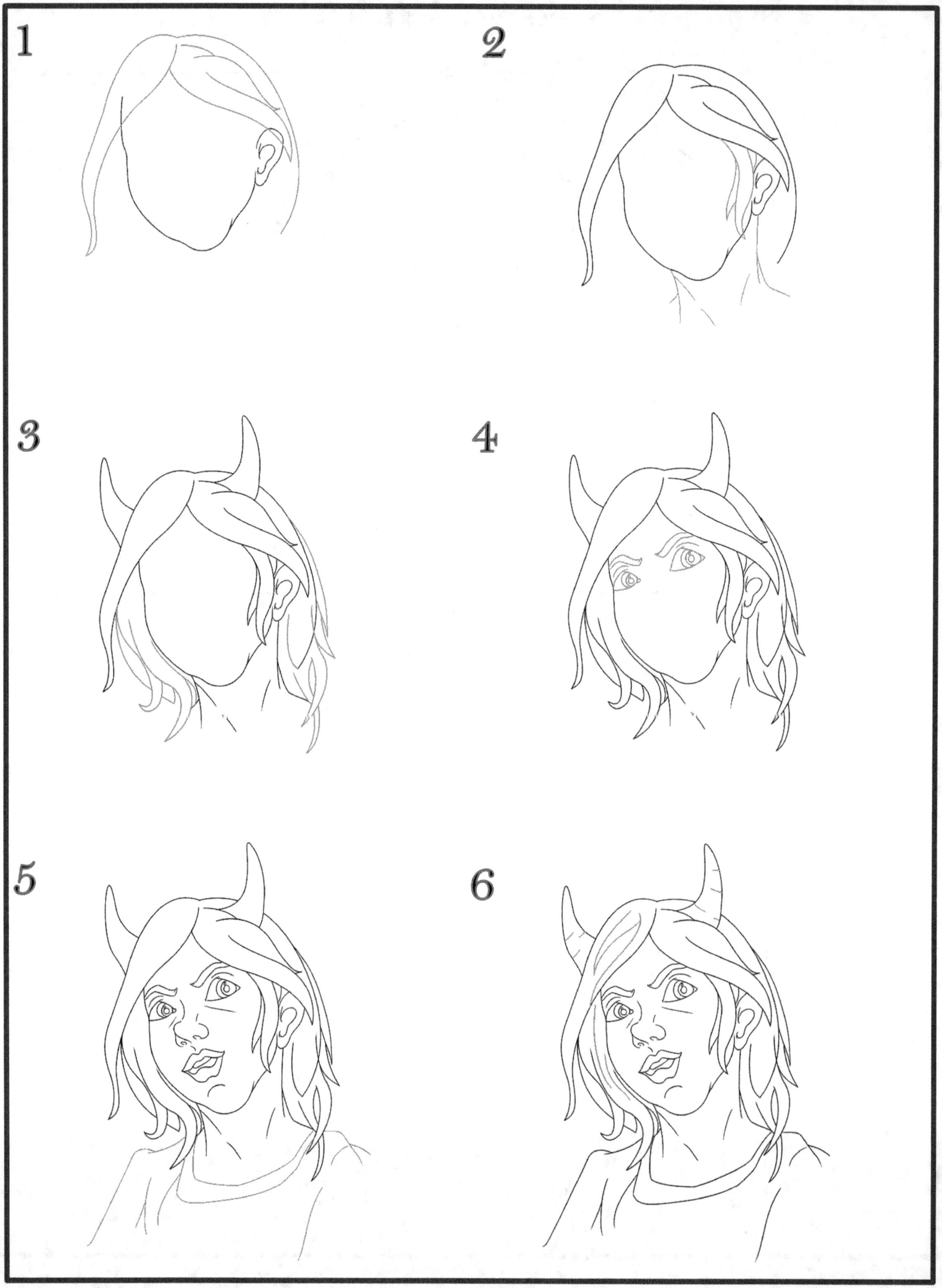
1
2
3
4
5
6

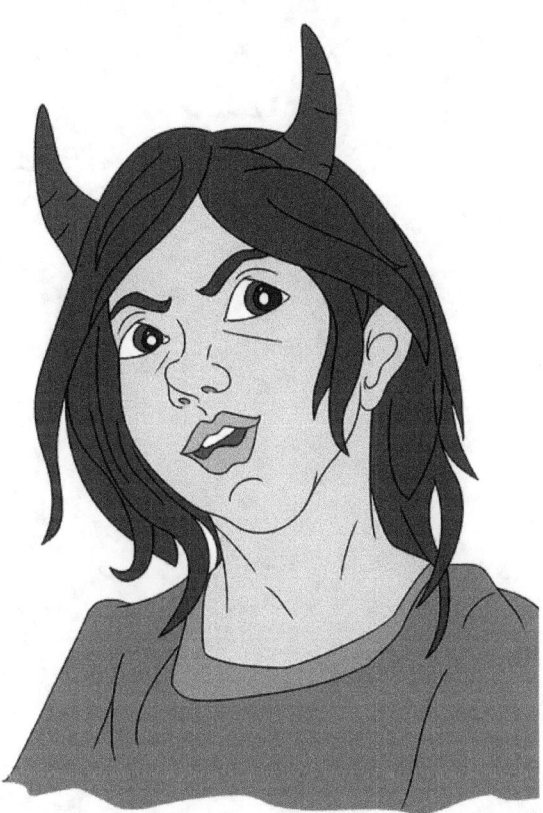

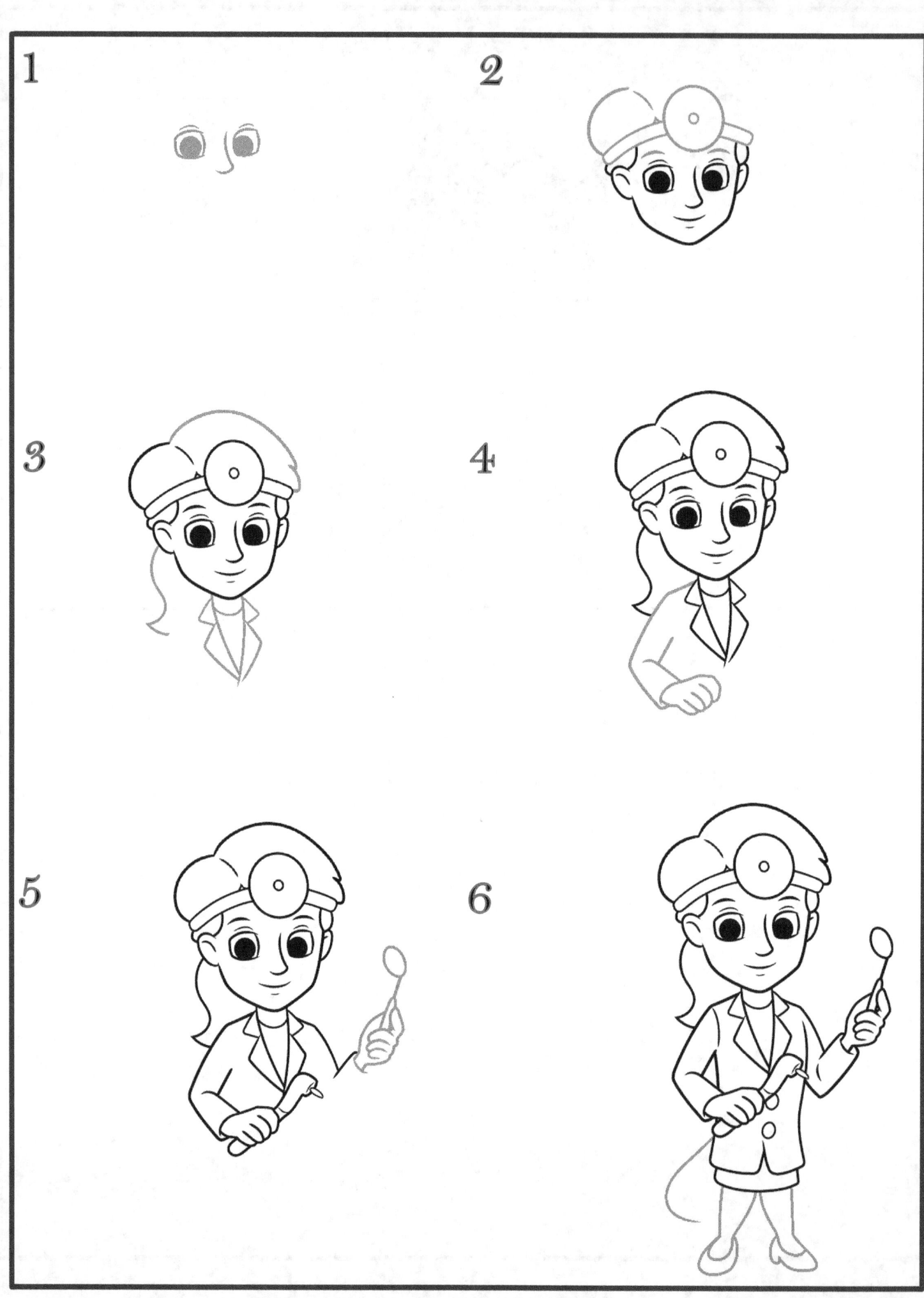

SORTEA AHORA

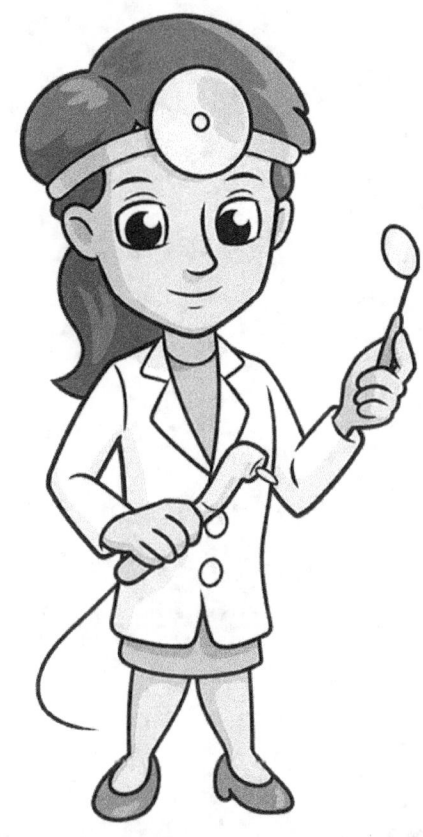

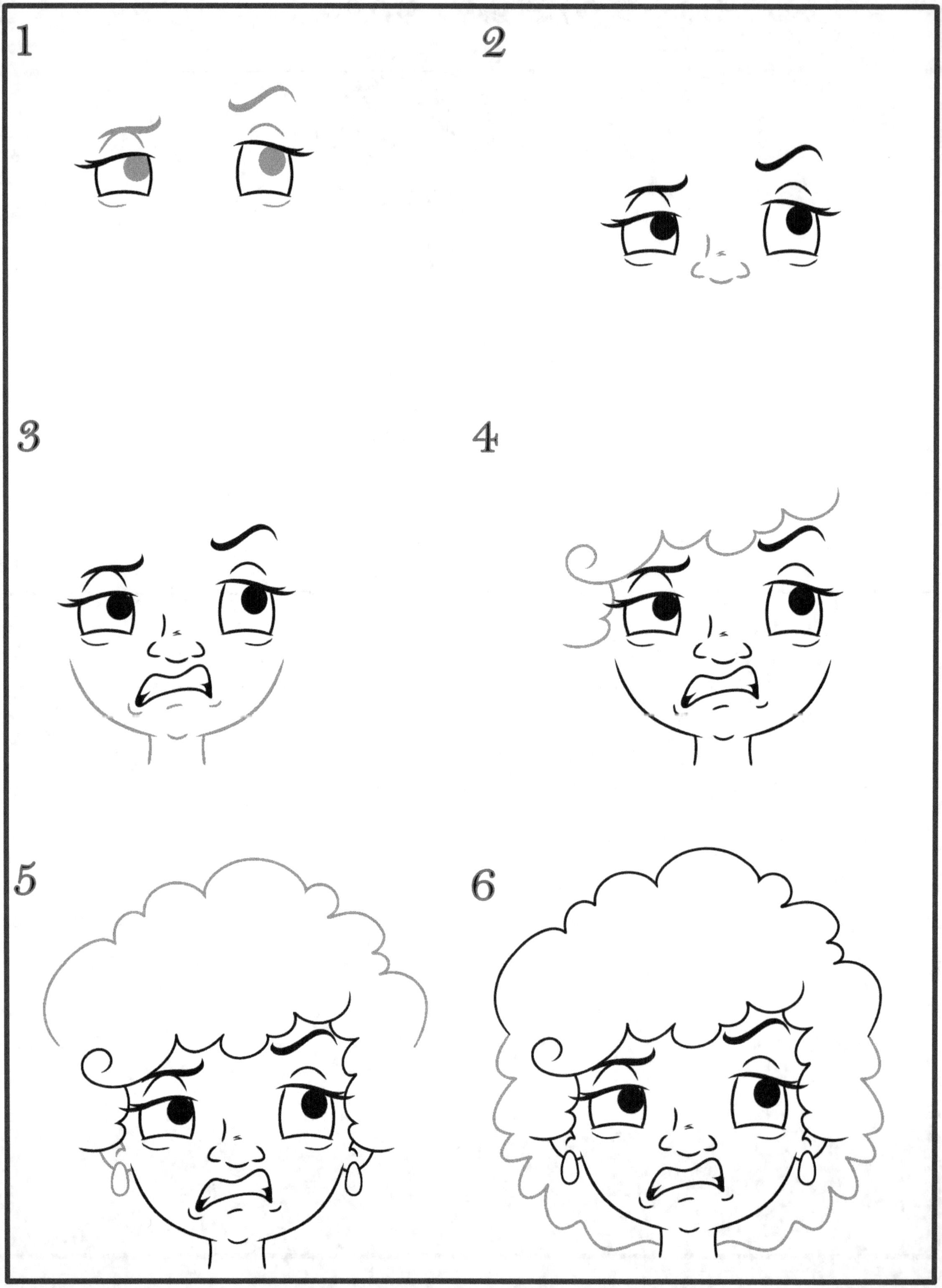
1
2
3
4
5
6

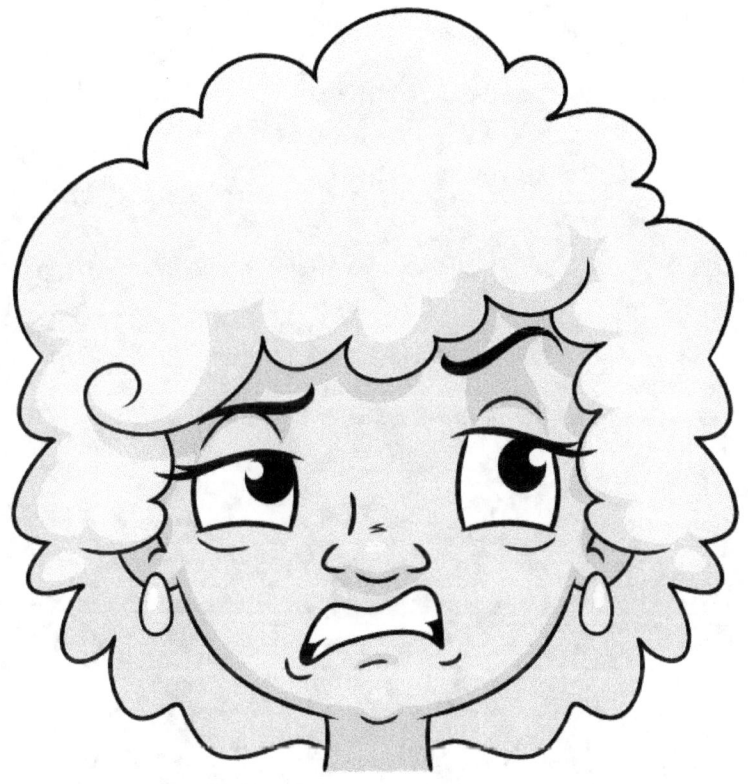

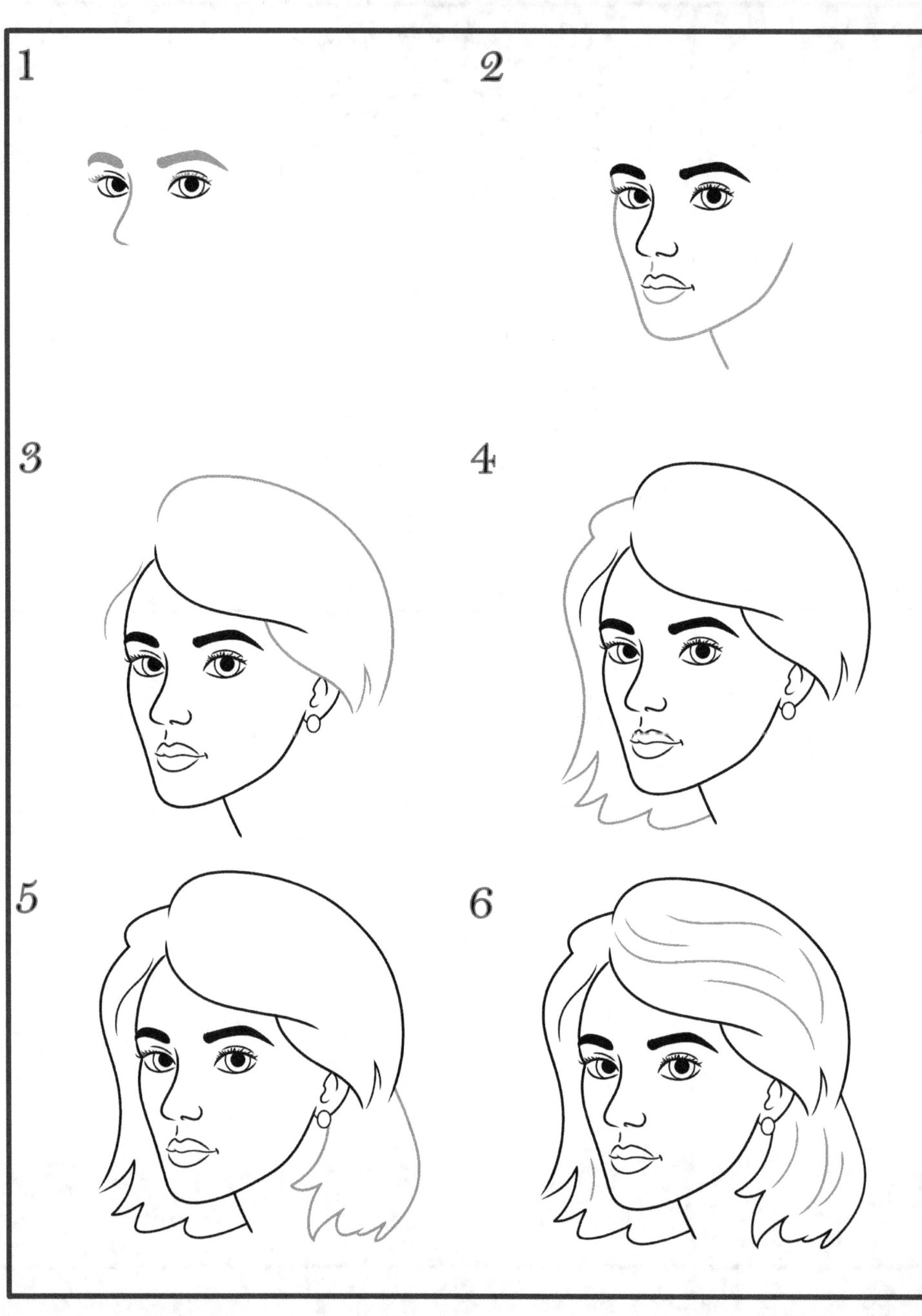

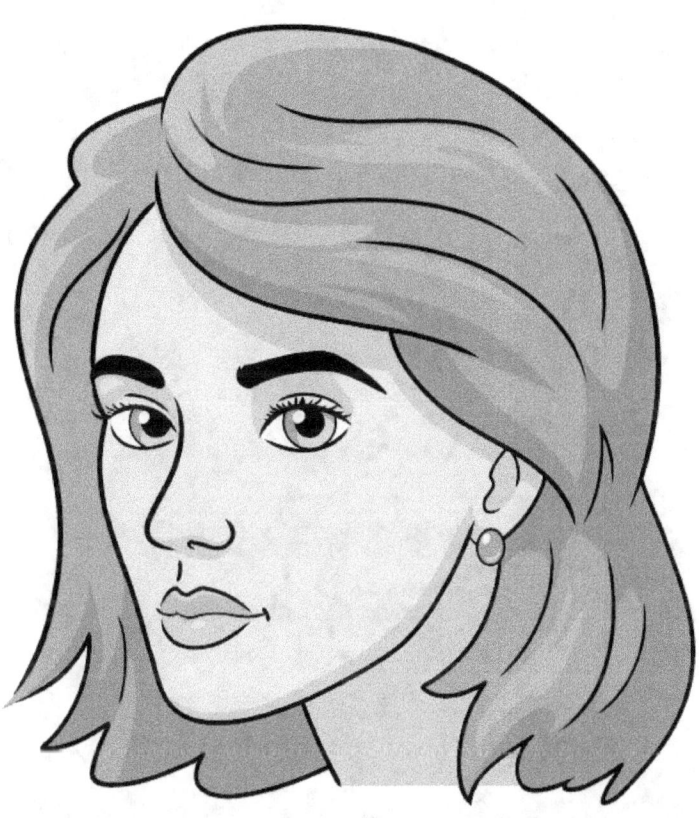

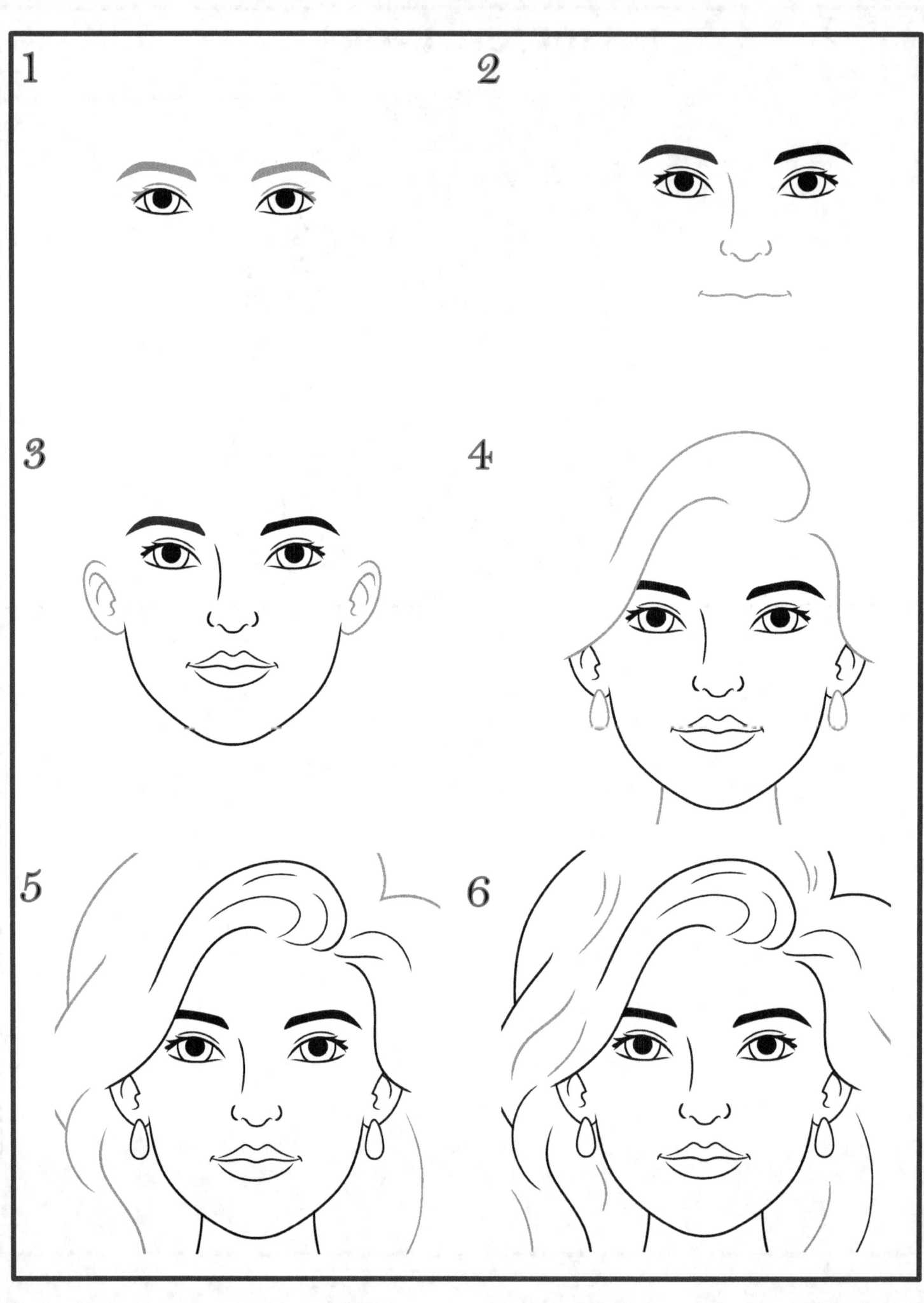

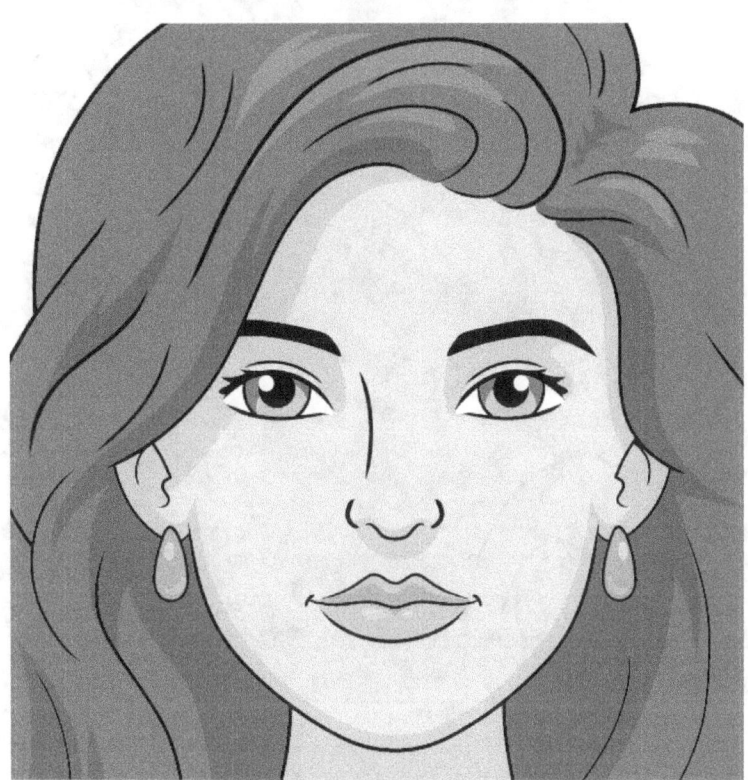

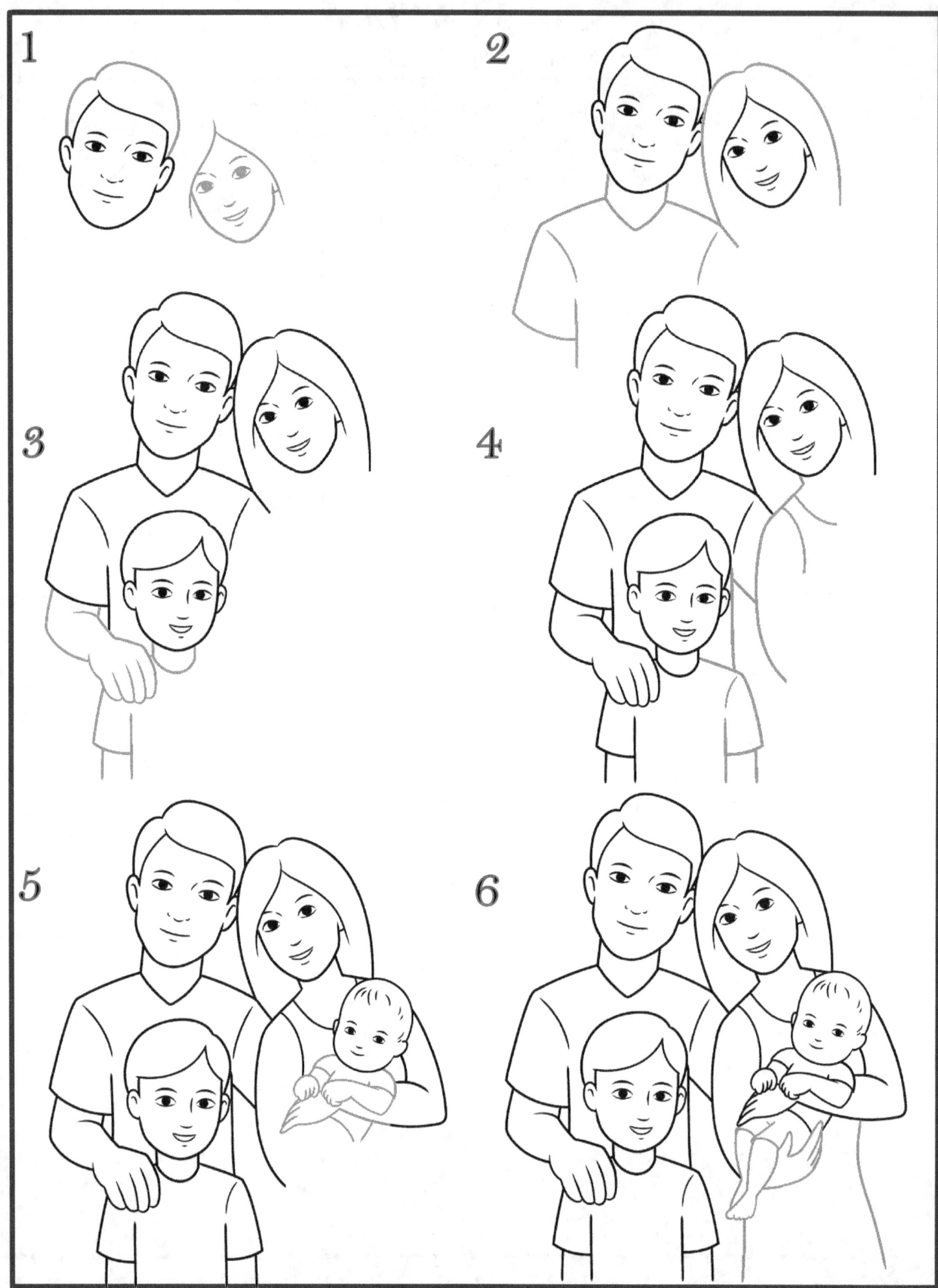

SORTEA AHORA

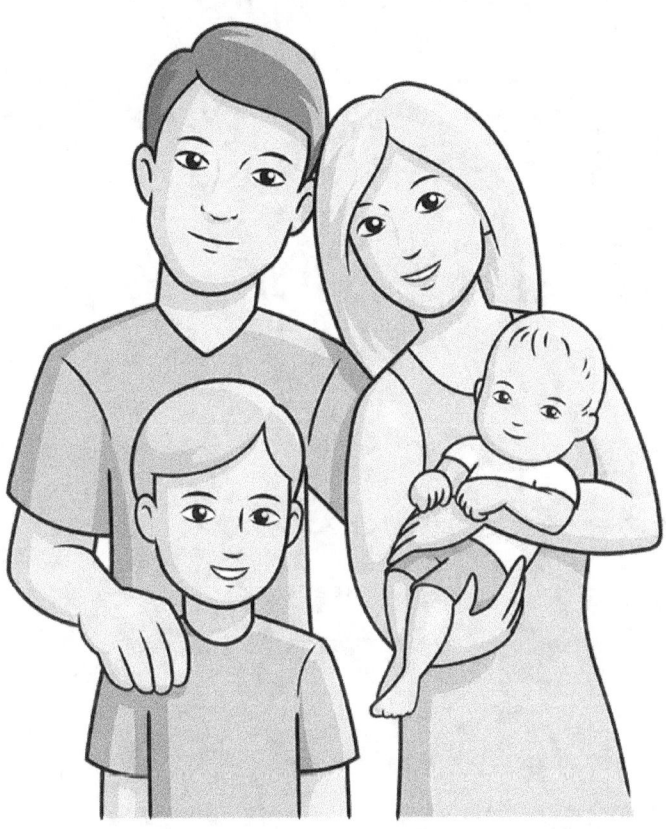

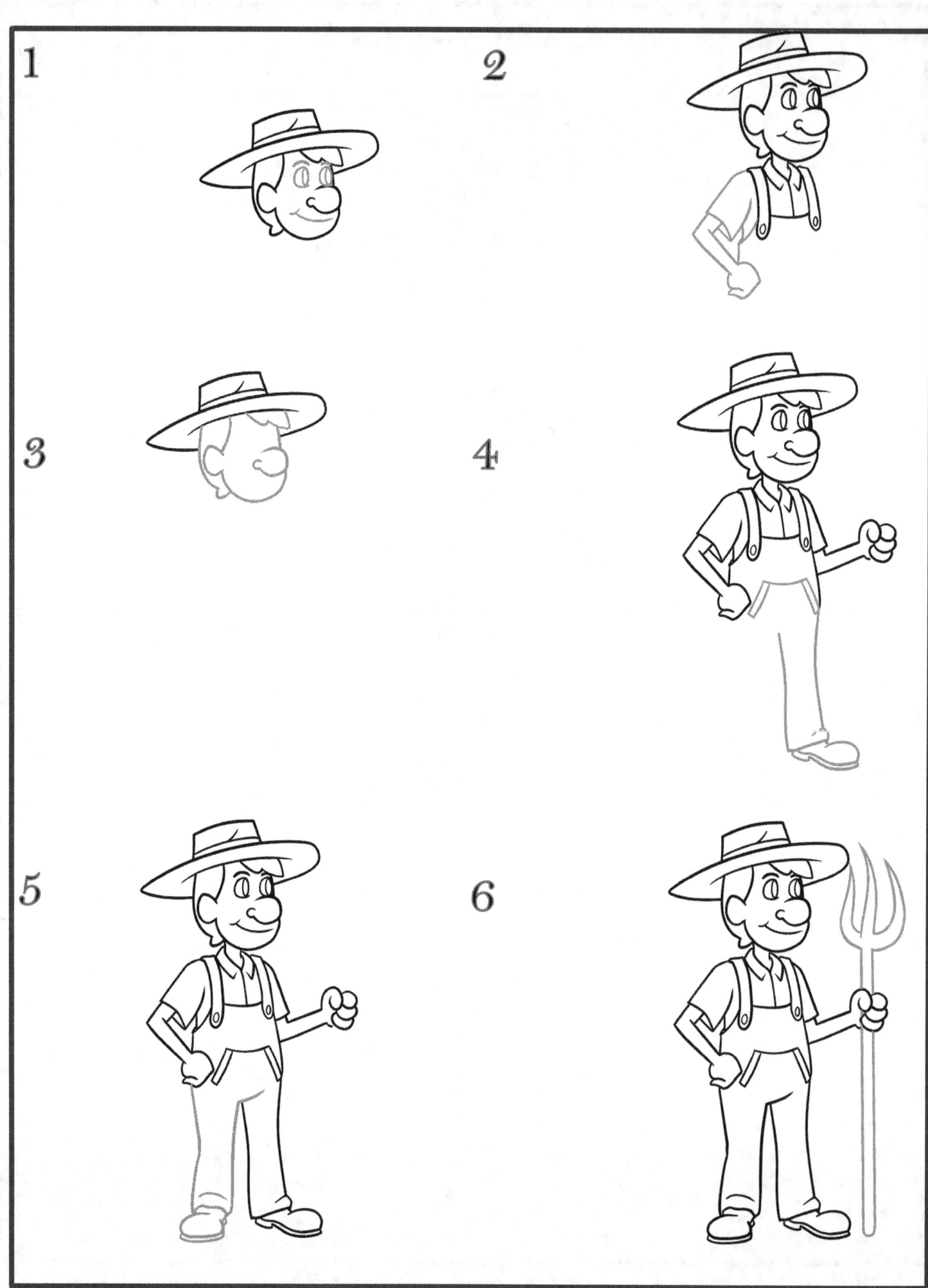

SORTEA AHORA

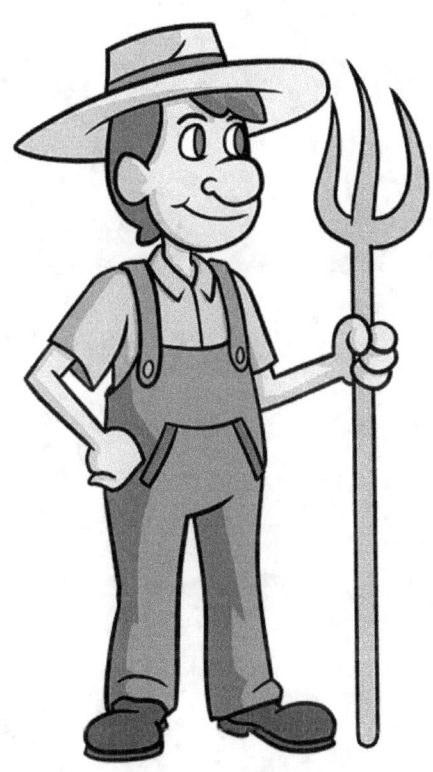

1

2

3

4

5

6

SORTEA AHORA

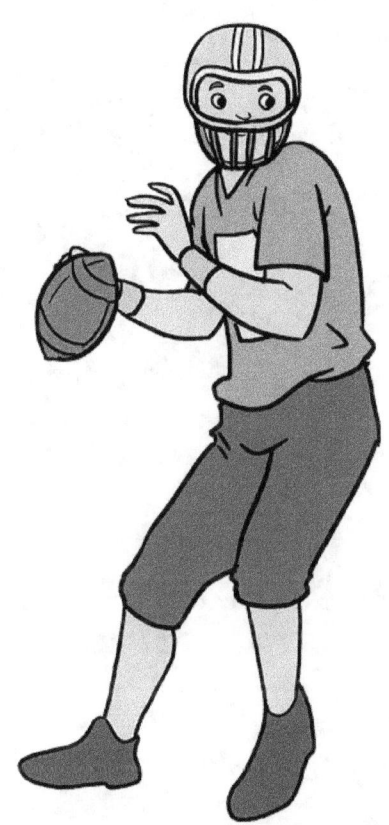

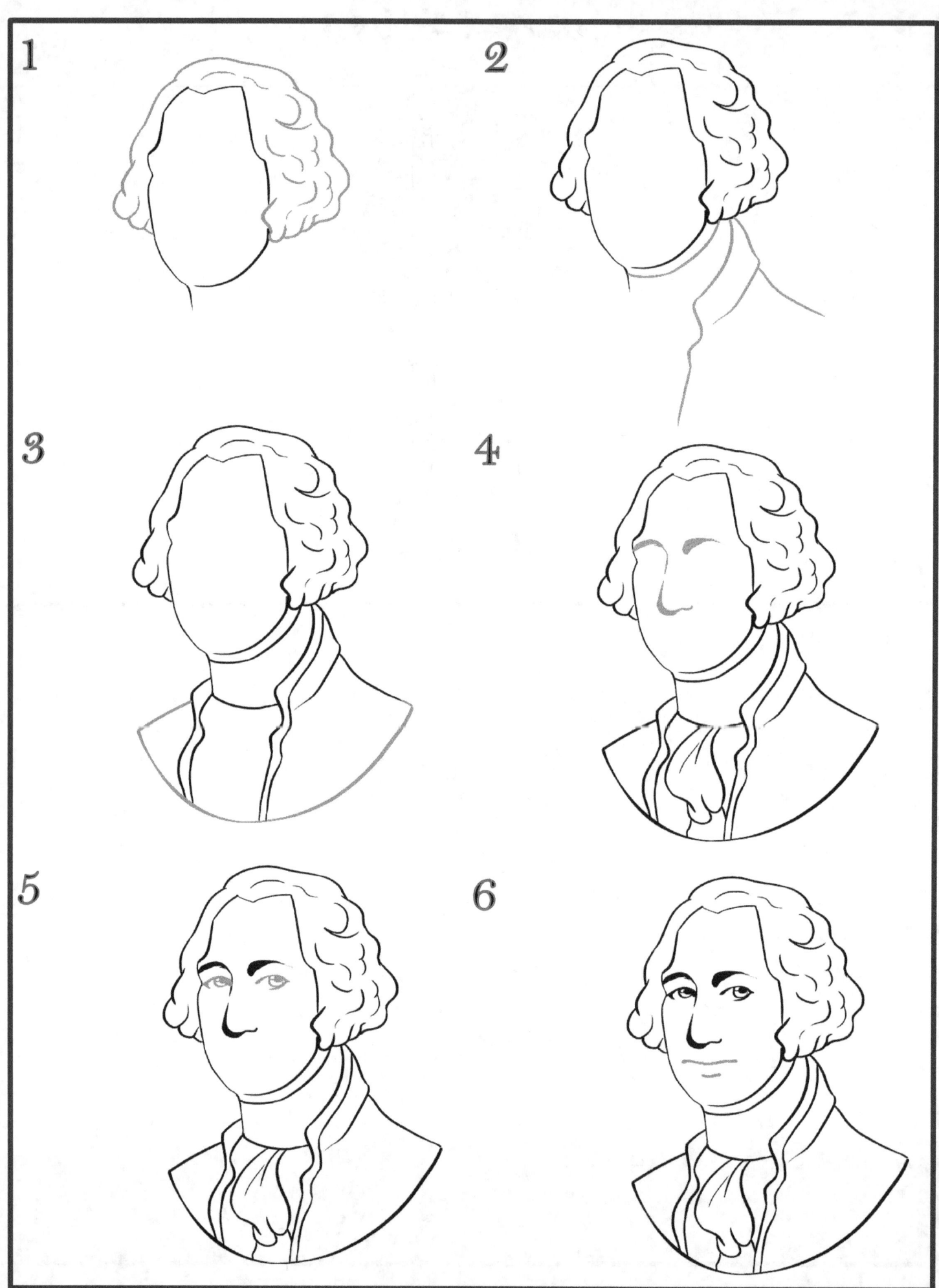

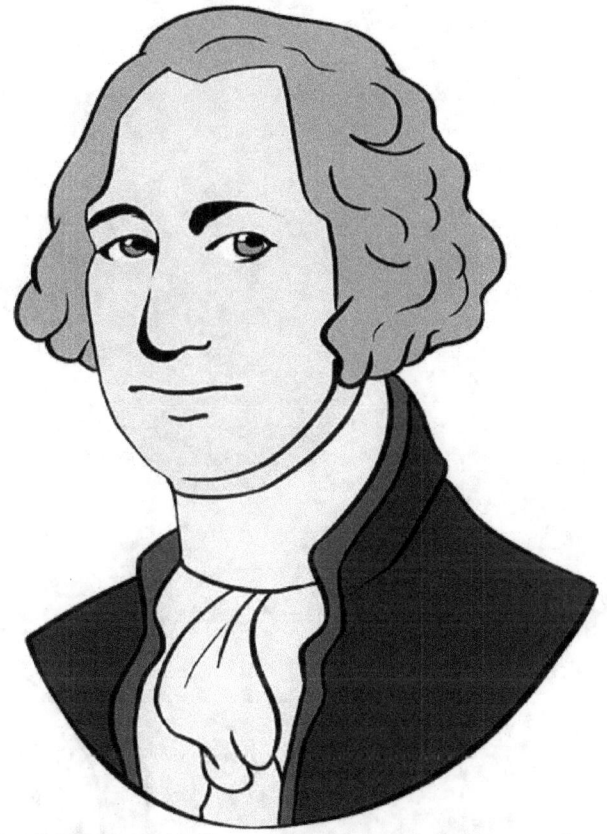

1

2

3

4

5

6

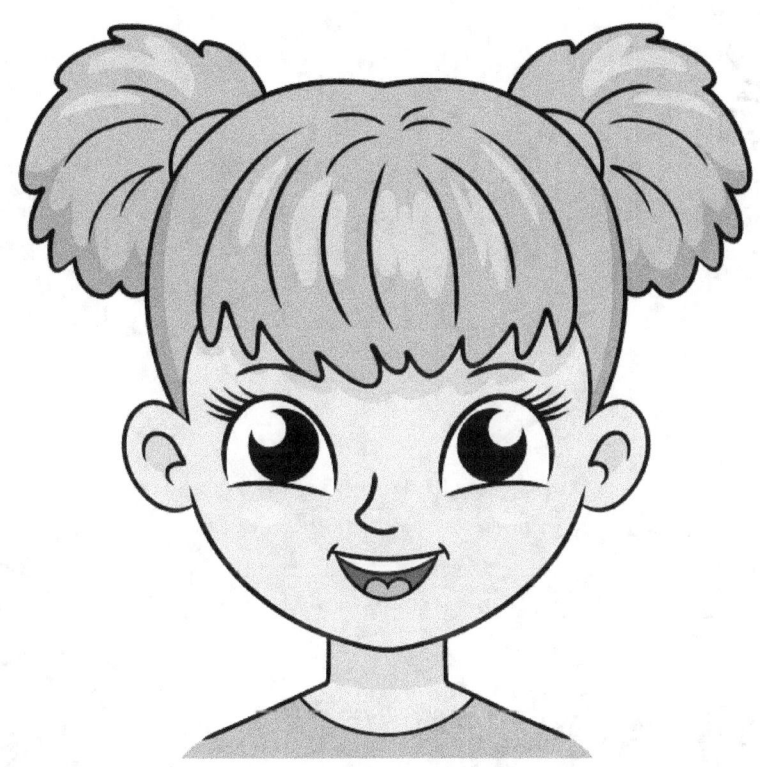

1

2

3

4

5

6

SORTEA AHORA

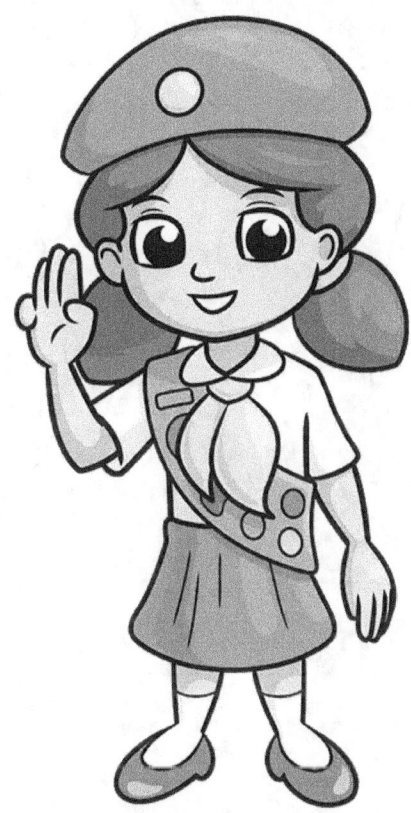

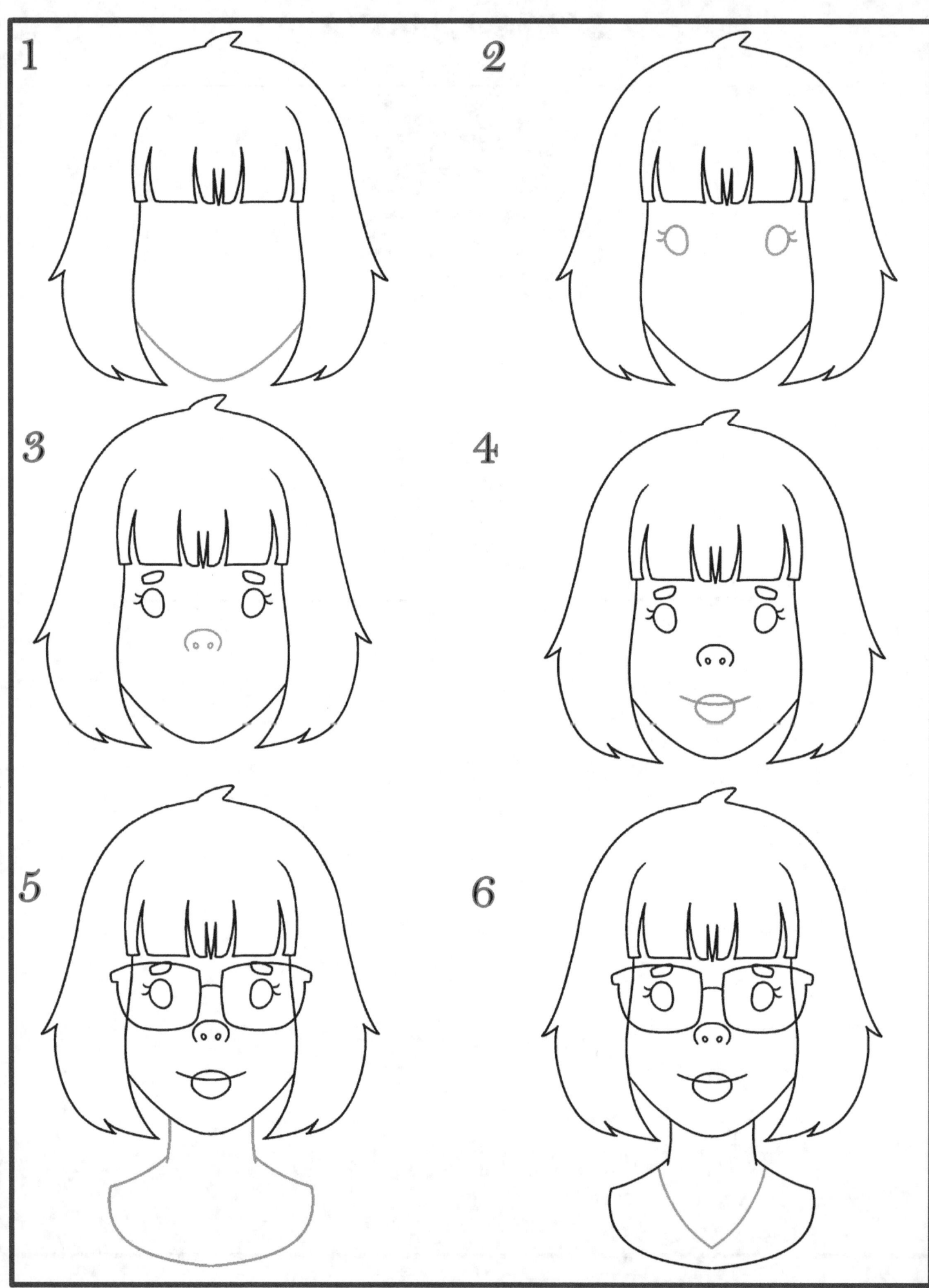

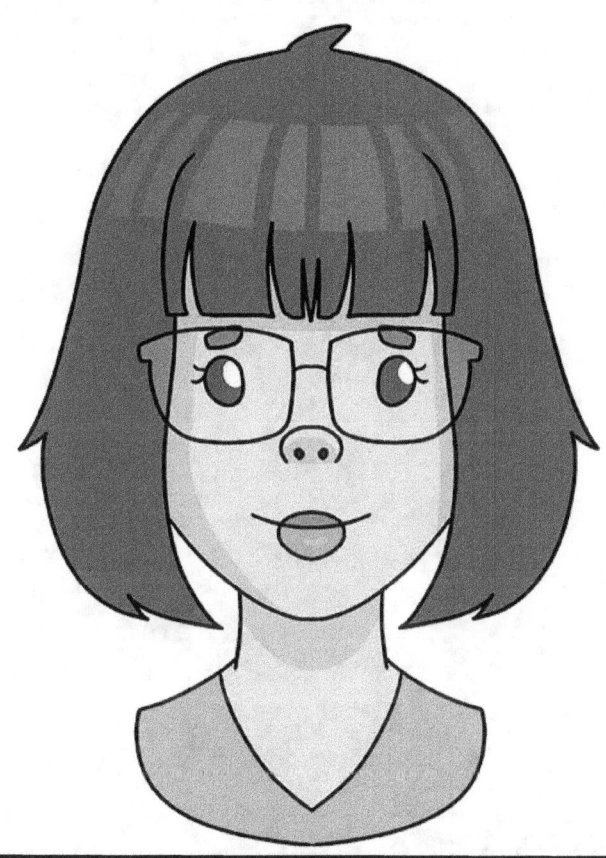

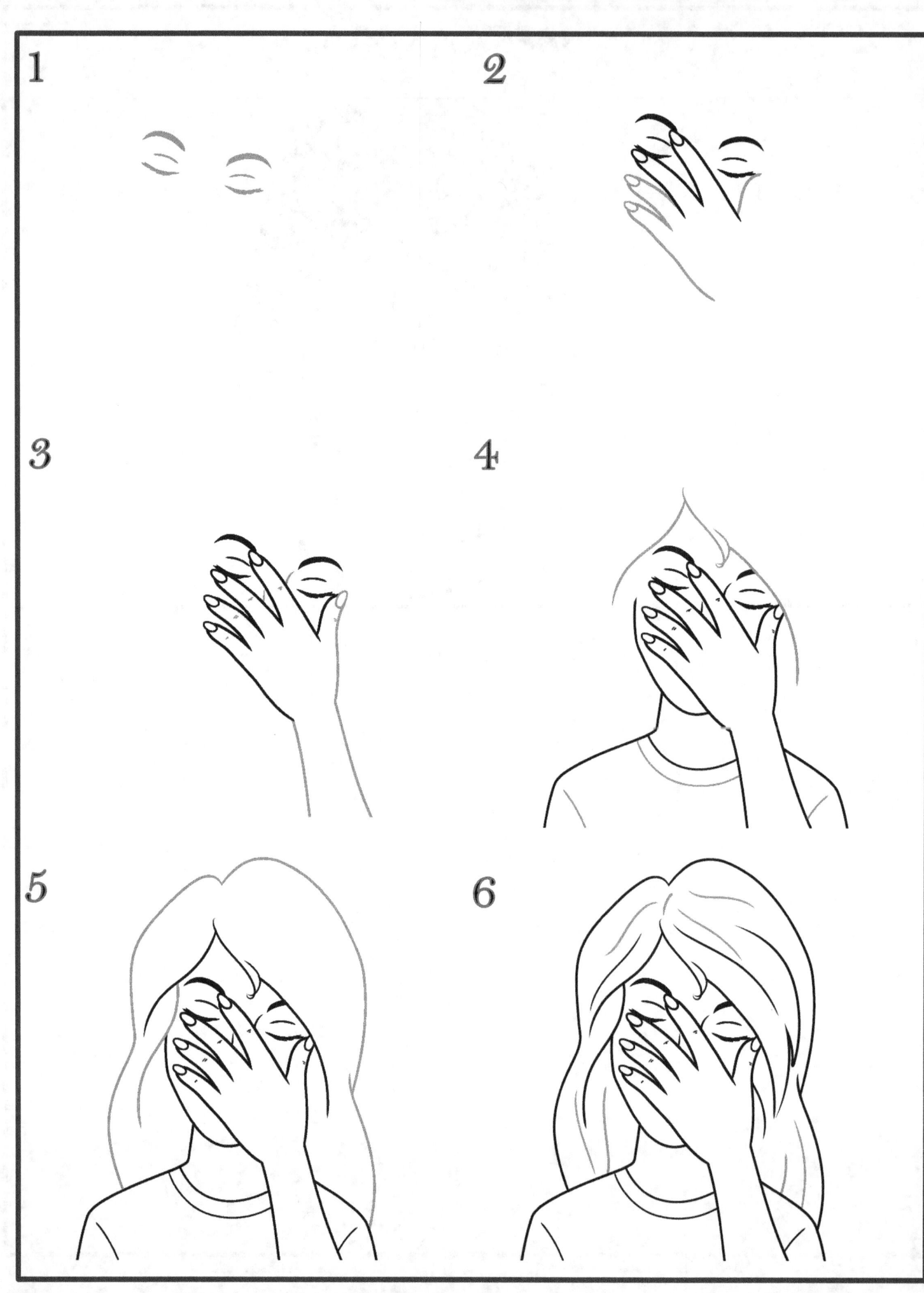

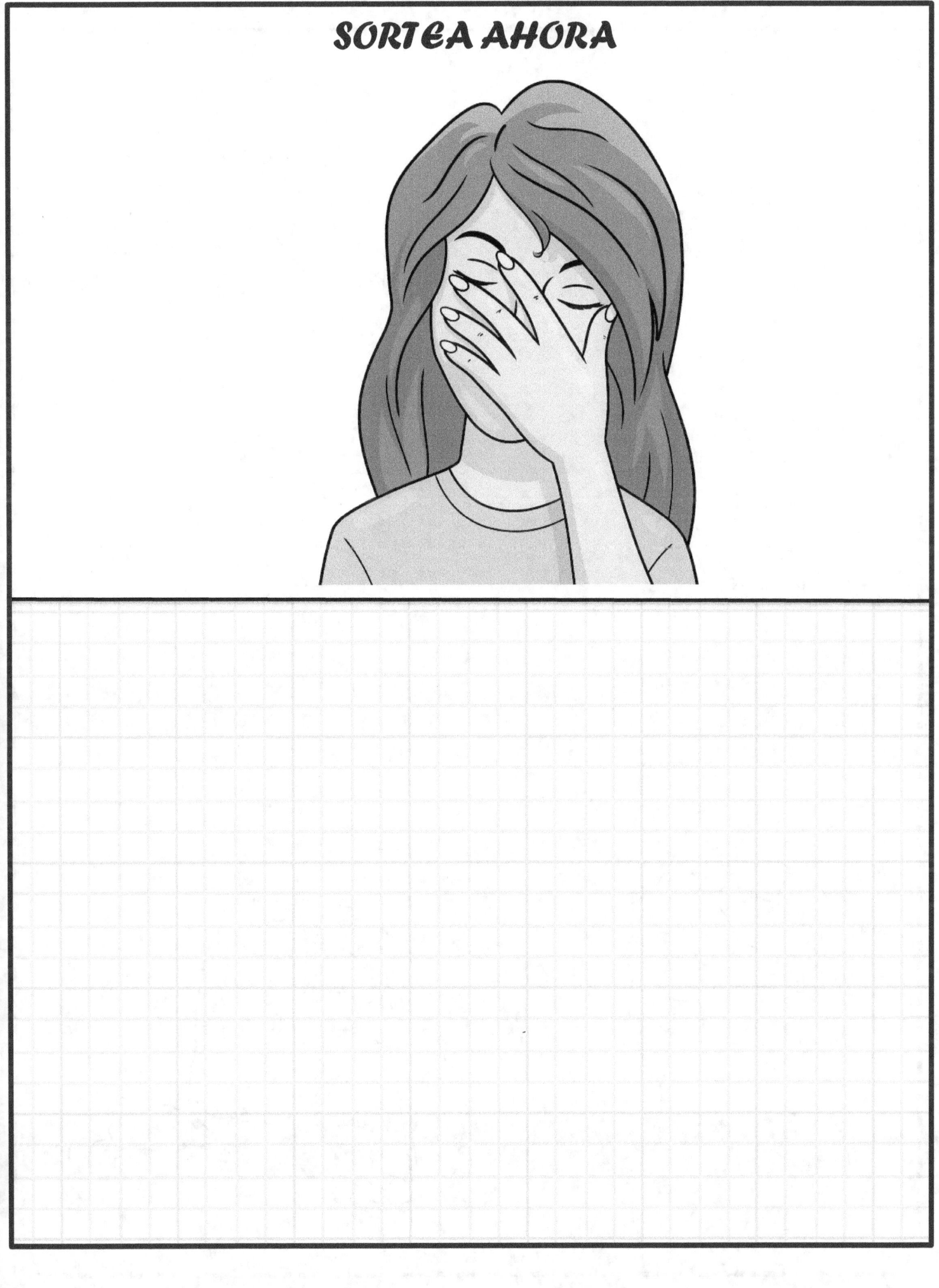

1

2

3

4

5

6

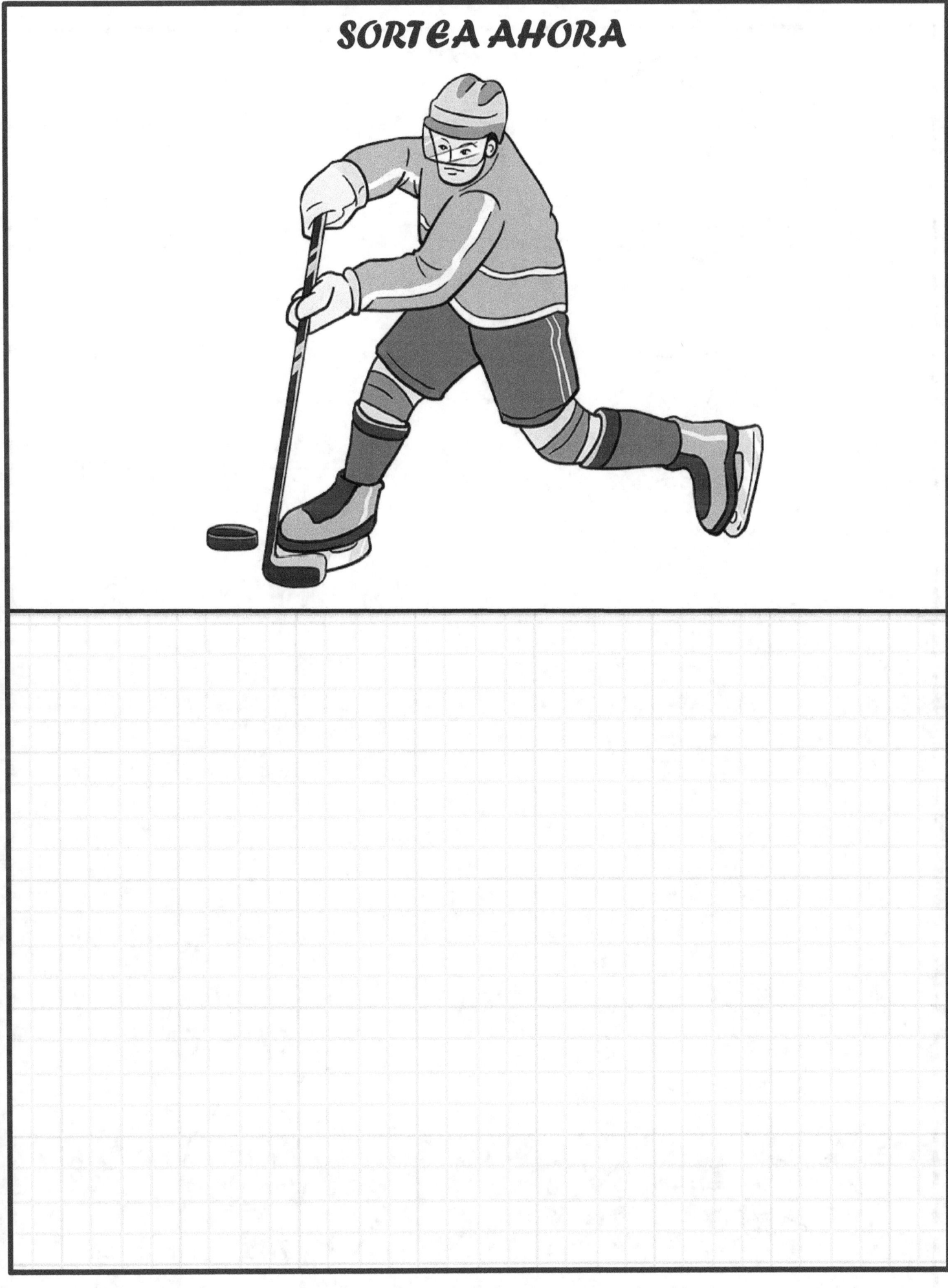

SORTEA AHORA

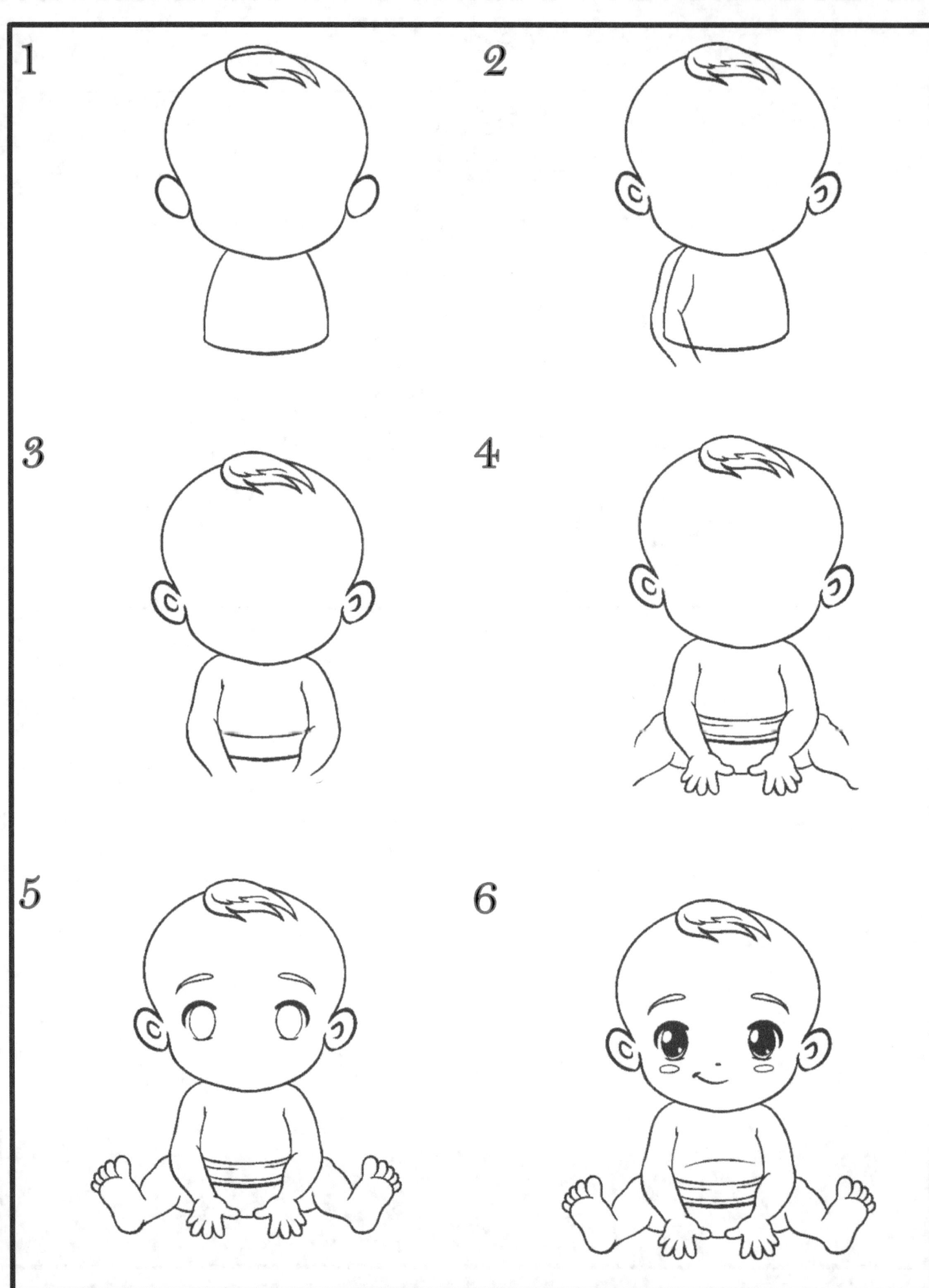

SORTEA AHORA

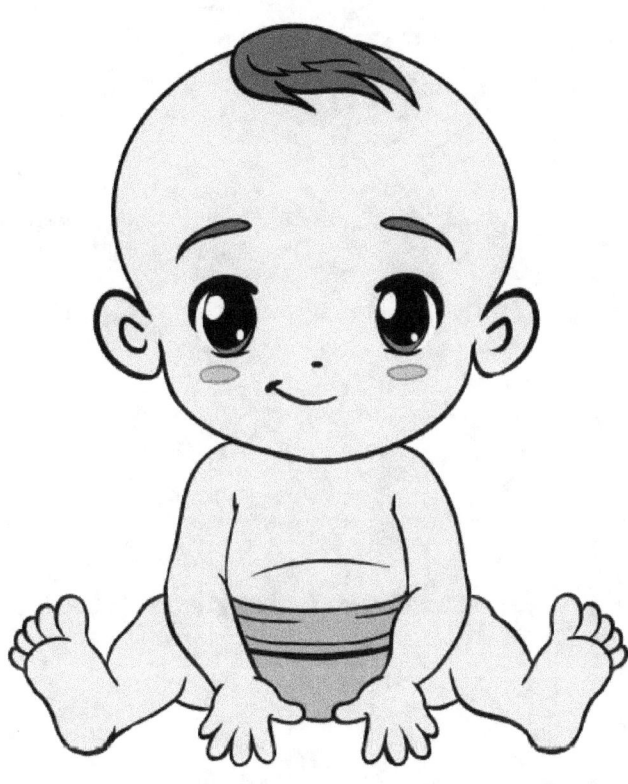

1

2

3

4

5

6

SORTEA AHORA

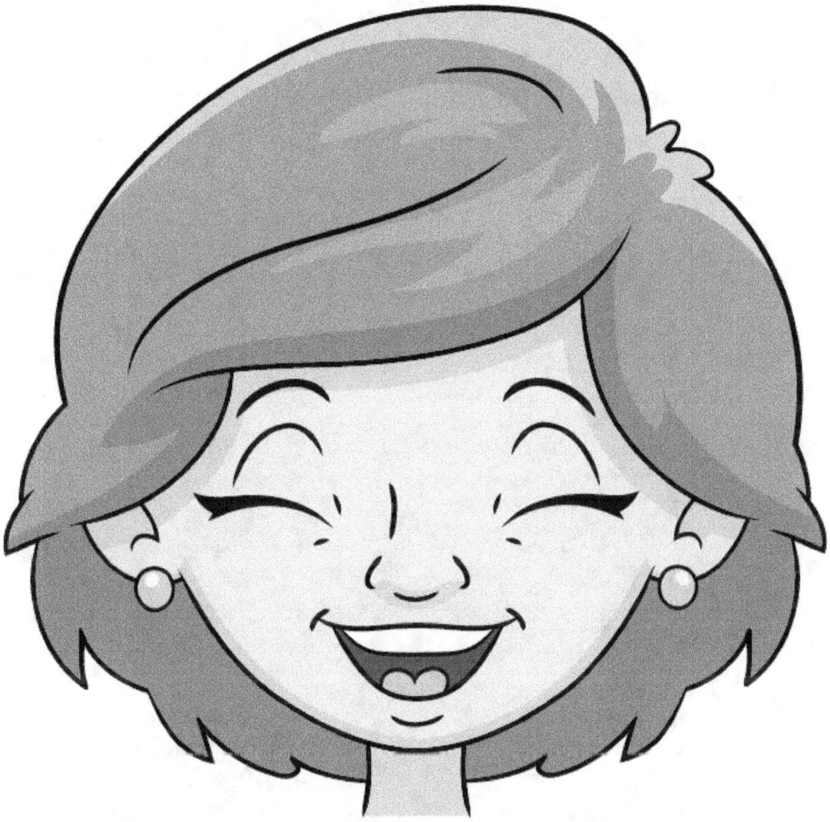

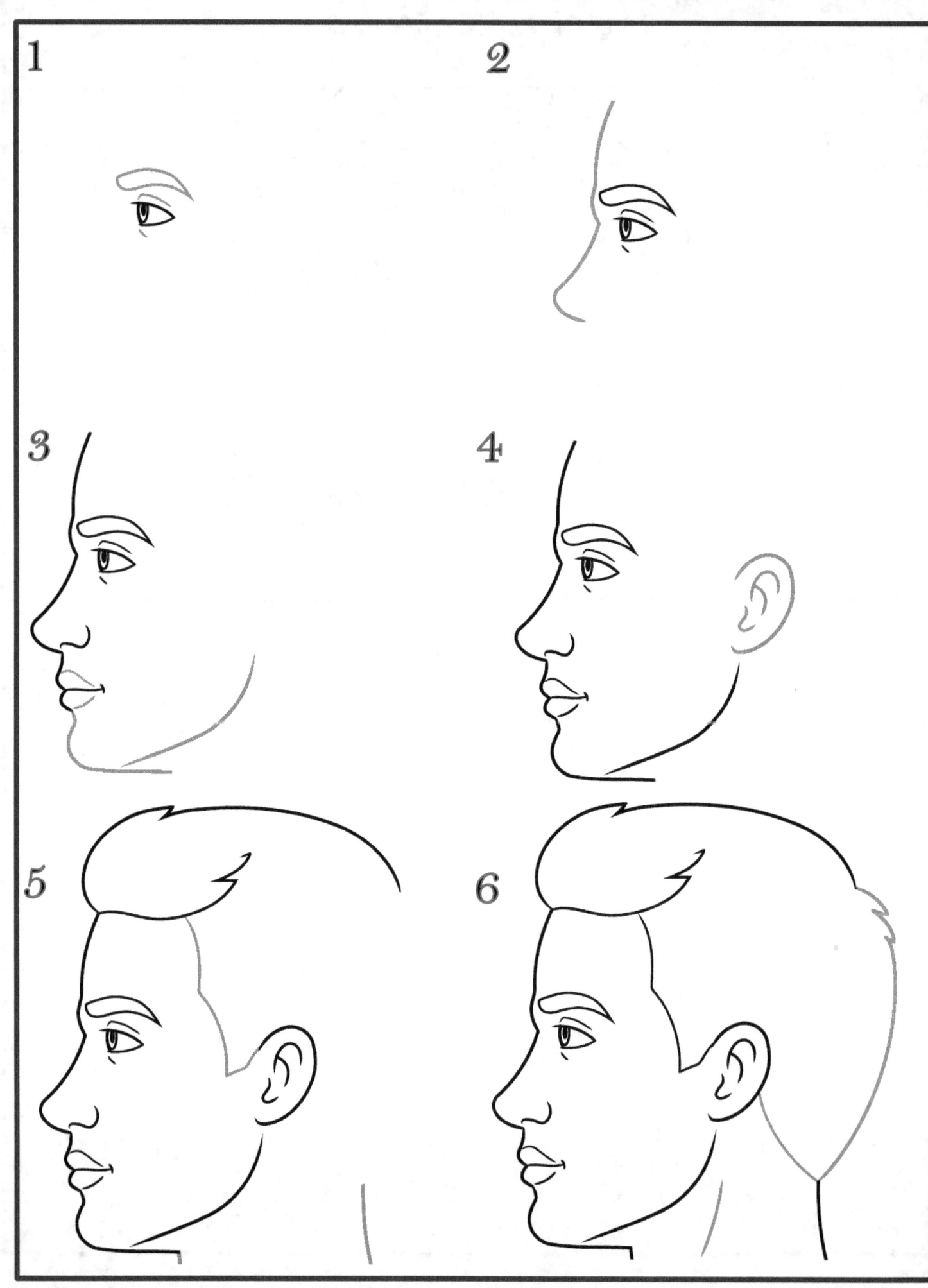

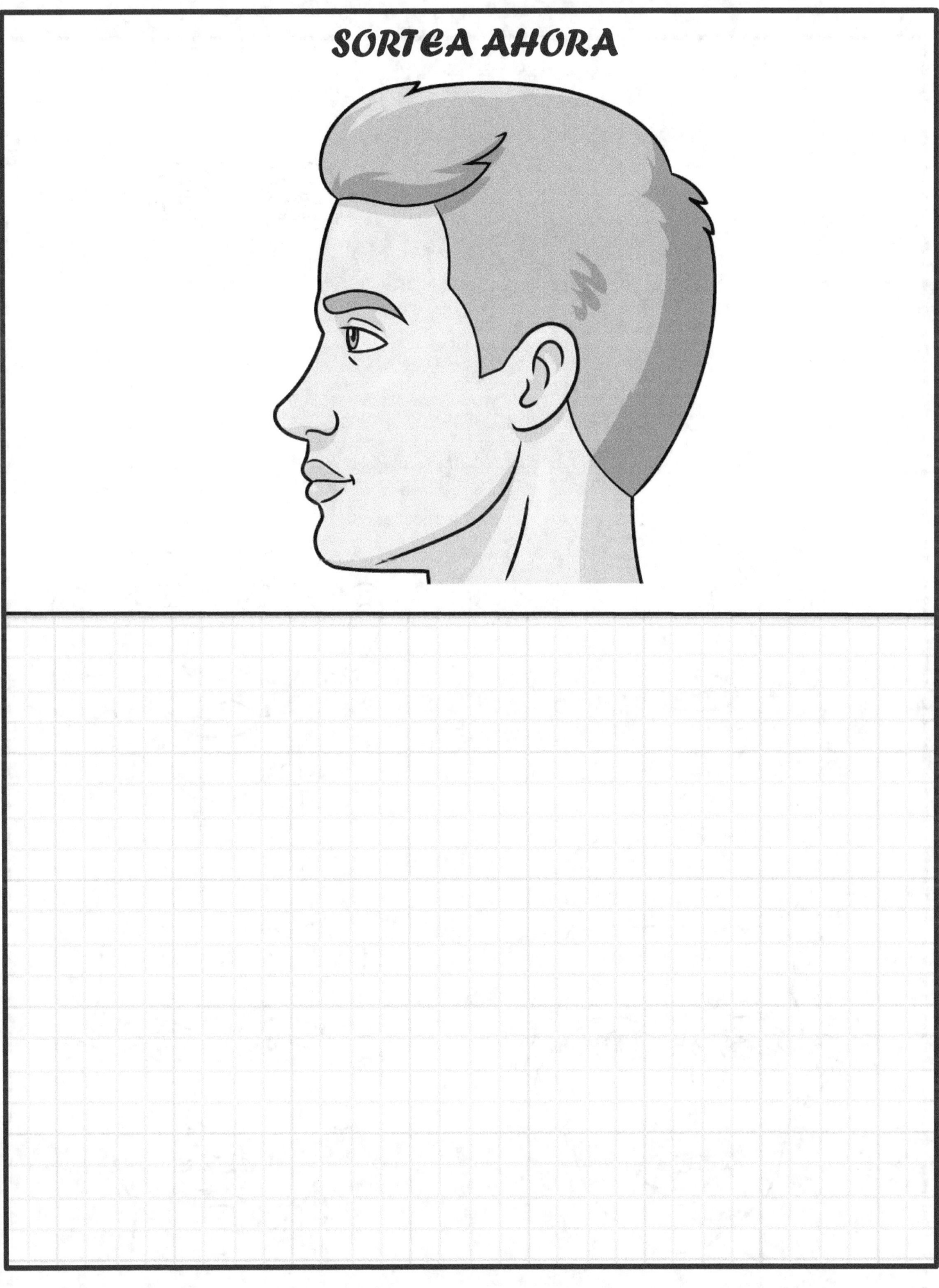

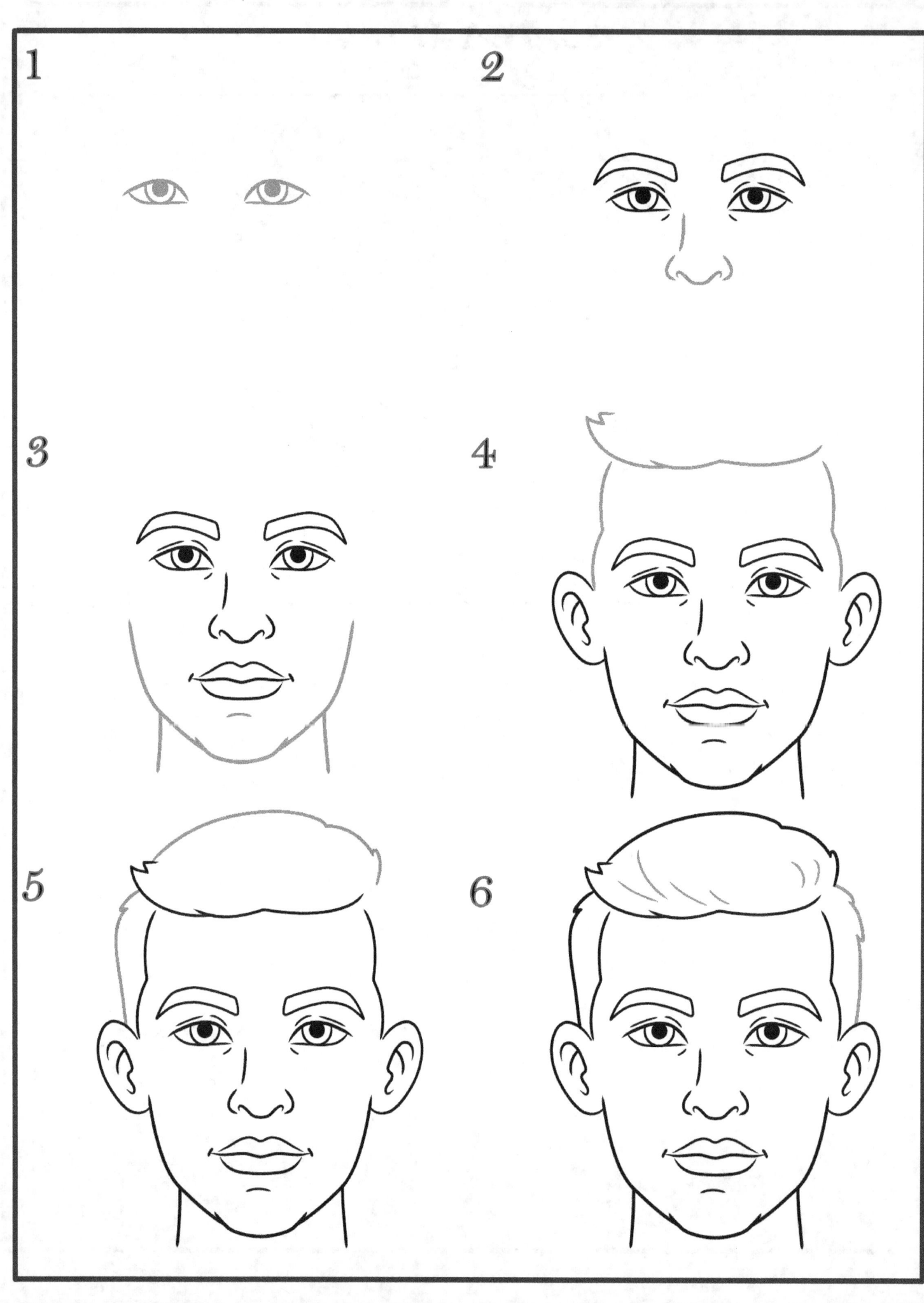

1

2

3

4

5

6

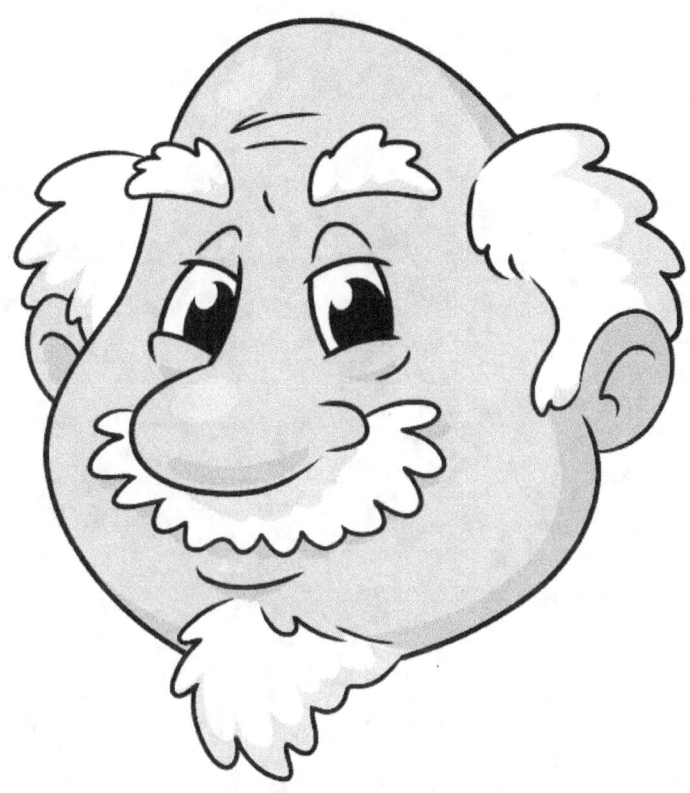

1

2

3

4

5

6

SORTEA AHORA

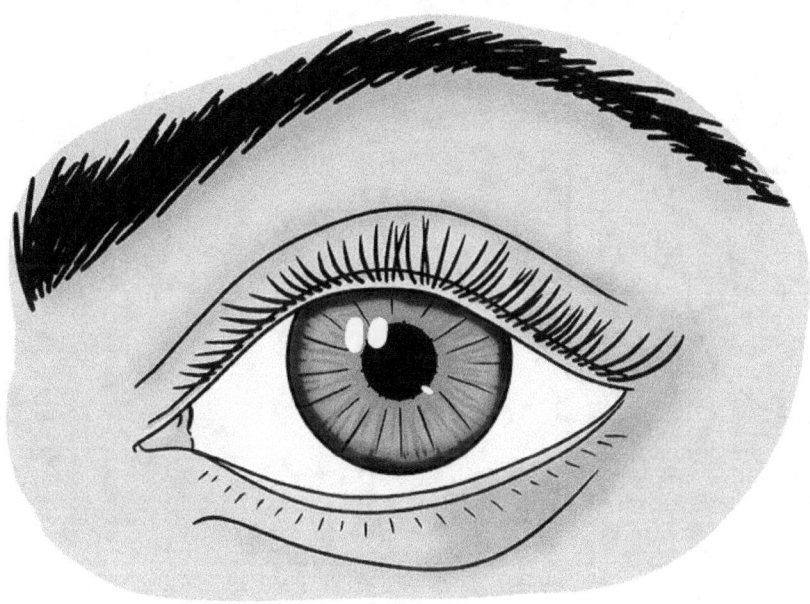

SORTEA AHORA

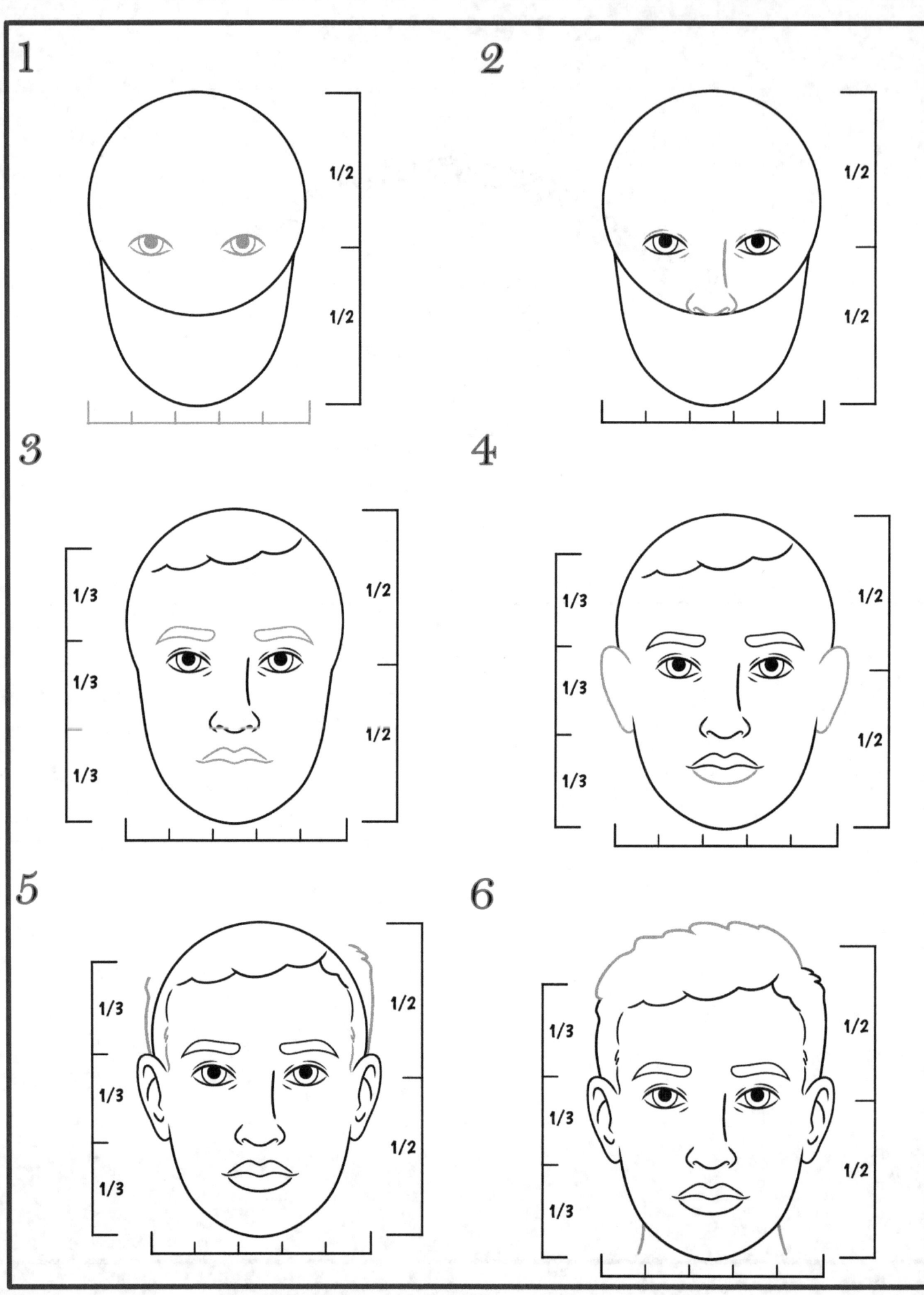

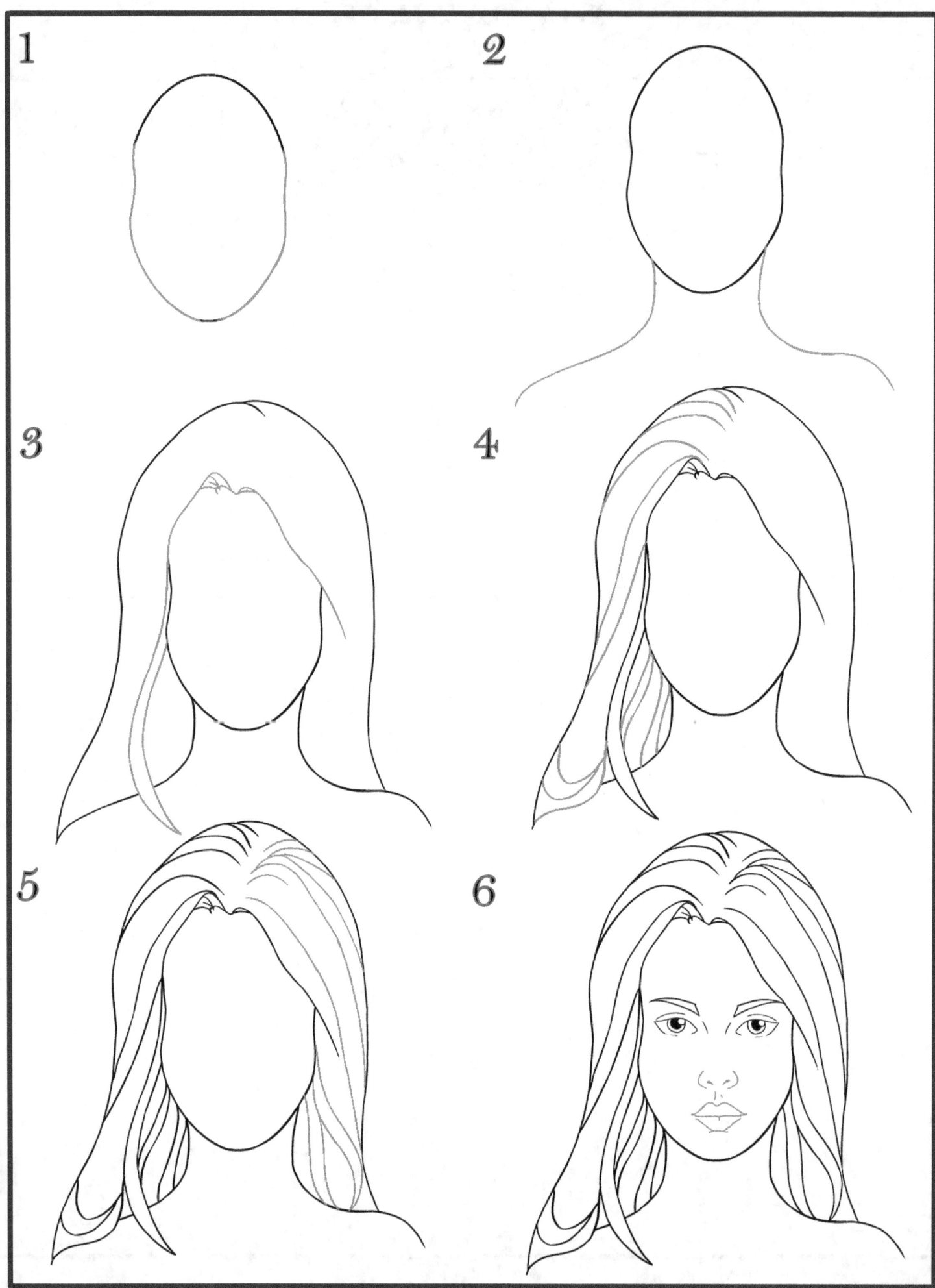

SORTEA AHORA

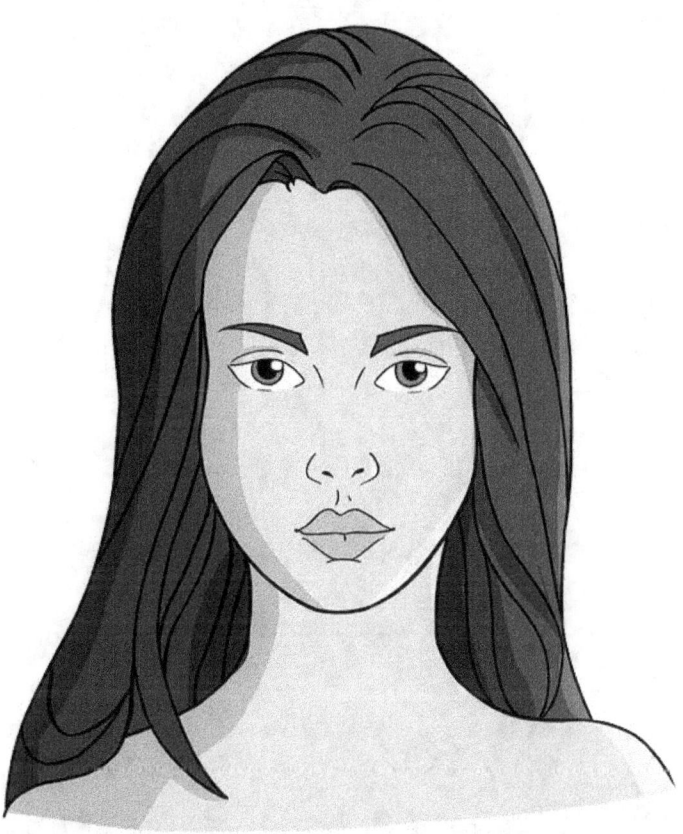

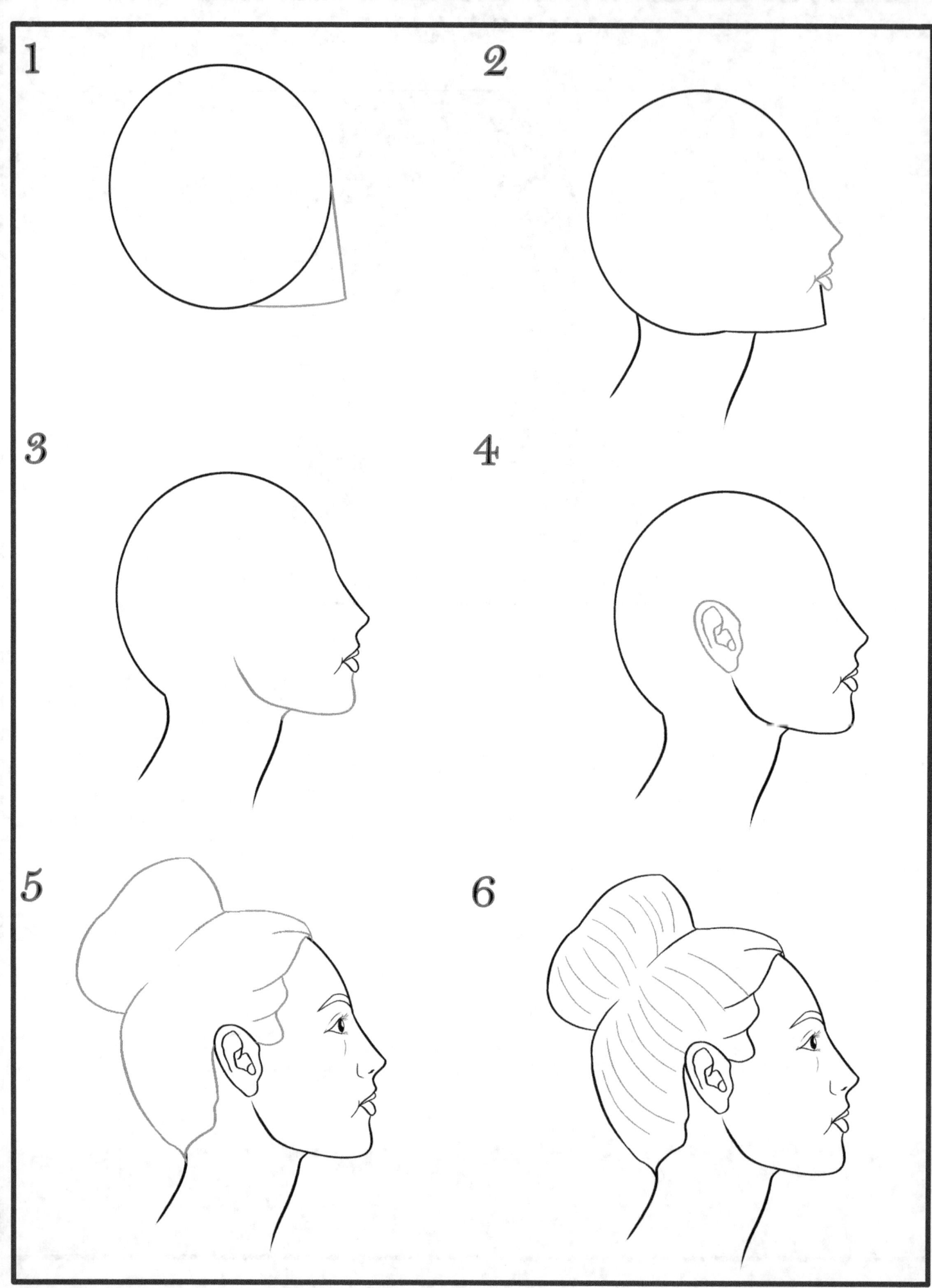

SORTEA AHORA

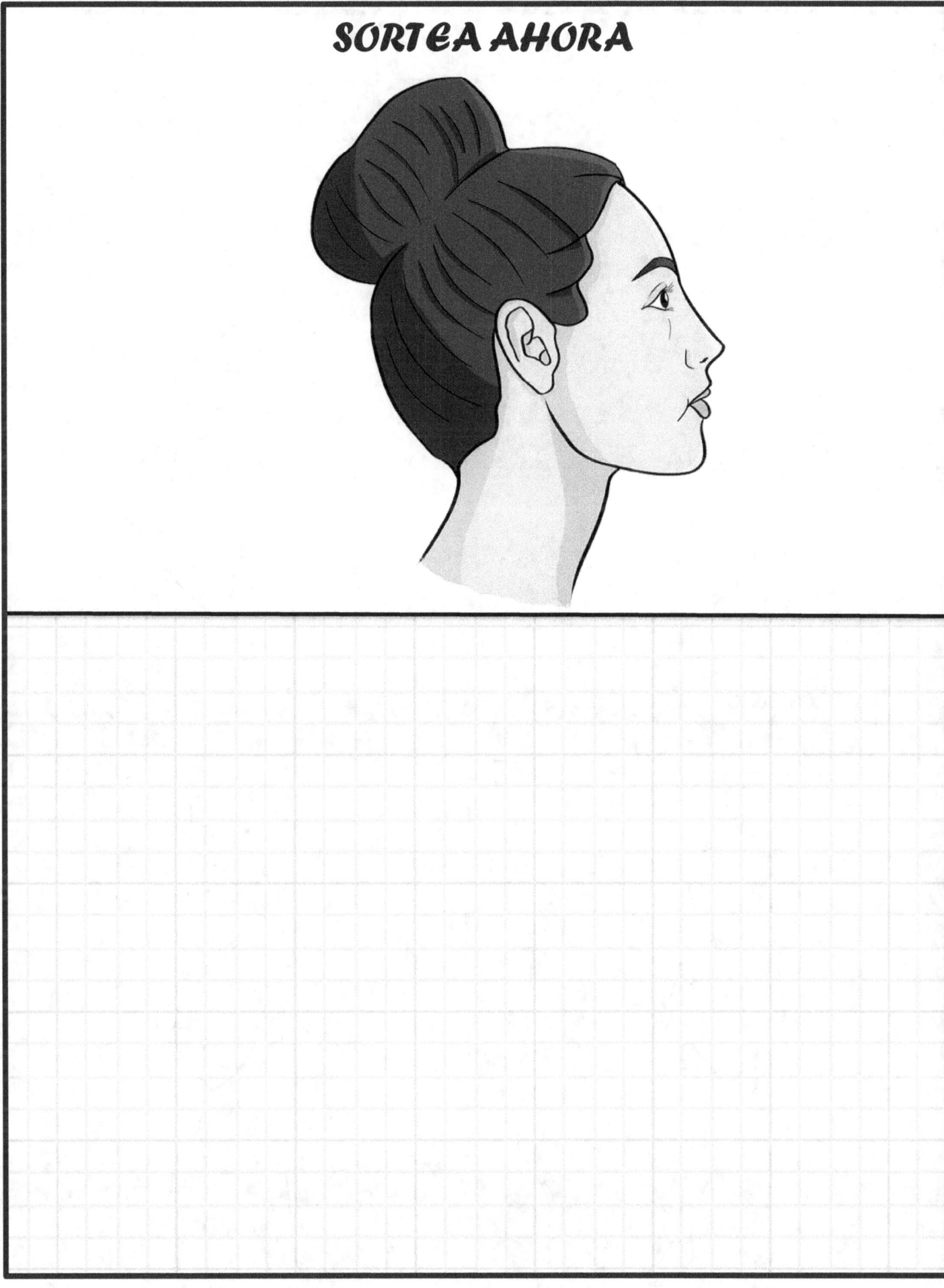

SORTEA AHORA

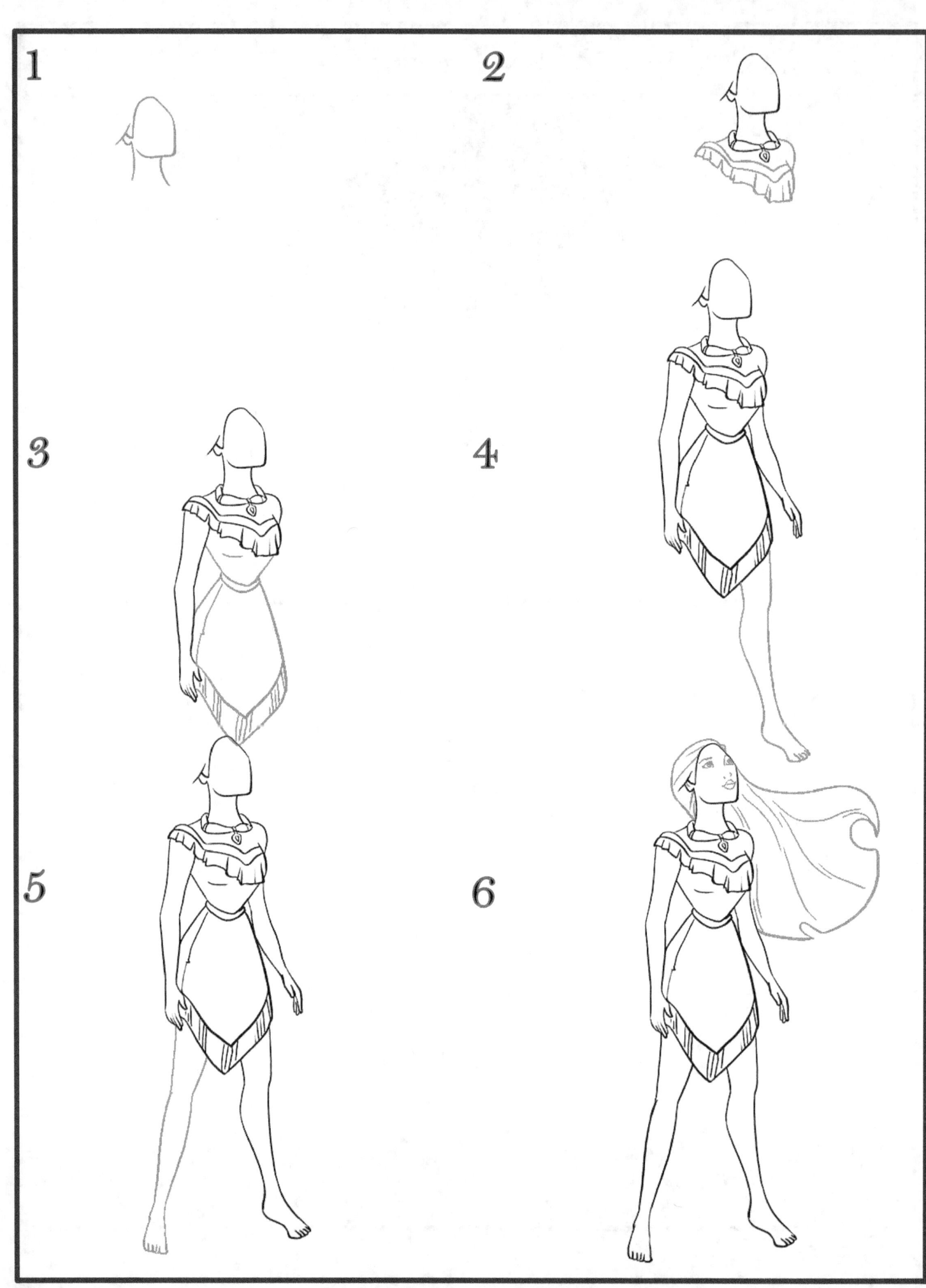

SORTEA AHORA

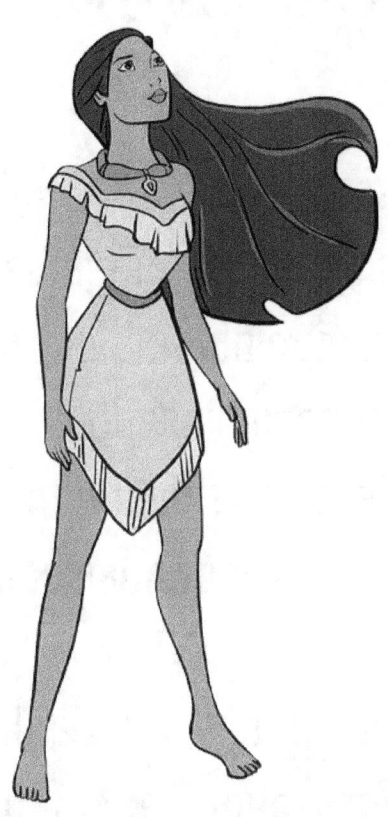

Nakhsa Katsuhito

Merci d'avoir choisi mon livre sur Amazon. Votre soutien et votre intérêt pour mon travail signifient le monde pour moi. En tant qu'auteur et éditeur, mon objectif est de créer des expériences de lecture captivantes et enrichissantes. Votre décision d'investir dans mon livre valide mes efforts et je vous en suis vraiment reconnaissant.

Je vous demande gentiment votre aide pour faire connaître mon livre. Vos commentaires sont inestimables, non seulement pour moi mais aussi pour les autres lecteurs. Si vous avez aimé le livre, pensez à laisser une critique positive sur Amazon. Votre avis peut avoir un impact significatif, guidant les lecteurs potentiels à découvrir le monde que j'ai créé.

Merci de faire partie de mon parcours d'auteur. Votre enthousiasme et votre engagement m'inspirent à continuer à créer des histoires qui résonnent avec des lecteurs comme vous. J'apprécie profondément votre soutien.

Chaleureuses salutations,

www.ingramcontent.com/pod-product-compliance
Lightning Source LLC
Chambersburg PA
CBHW082218290526
45794CB00009B/3591